MW01709235

UTB 3417

Eine Arbeitsgemeinschaft der Verlage

Böhlau Verlag · Köln · Weimar · Wien
Verlag Barbara Budrich · Opladen · Farmington Hills
facultas.wuv · Wien
Wilhelm Fink · München
A. Francke Verlag · Tübingen und Basel
Haupt Verlag · Bern · Stuttgart · Wien
Julius Klinkhardt Verlagsbuchhandlung · Bad Heilbrunn
Lucius & Lucius Verlagsgesellschaft · Stuttgart
Mohr Siebeck · Tübingen
Orell Füssli Verlag · Zürich
Ernst Reinhardt Verlag · München · Basel
Ferdinand Schöningh · Paderborn · München · Wien · Zürich
Eugen Ulmer Verlag · Stuttgart
UVK Verlagsgesellschaft · Konstanz
Vandenhoeck & Ruprecht · Göttingen
vdf Hochschulverlag AG an der ETH Zürich

UTB Profile

Nicole Kuropka

Melanchthon

Mohr Siebeck

Nicole Kuropka, geboren 1970; Studium der Theologie (Wuppertal, Bochum, Bonn) und der Geschichte (Tucson AZ); 2002 Promotion; heute Pfarrerin in Düsseldorf; 2009 Internationaler Melanchthonpreis; zeitweise Lehraufträge an der Kirchlichen Hochschule Wuppertal / Bethel.

ISBN 978-3-8252-3417-1 (UTB)
ISBN 978-3-16-150075-6 (Mohr Siebeck)

Die Deutsche Nationalbibliothek verzeichnet diese Publikation in der Deutschen Nationalbibliografie; detailliertere bibliografische Daten sind im Internet über *http: //dnb.d-nb.de* abrufbar.

Das Buch wurde von Martin Fischer in Tübingen gesetzt und von Hubert & Co. in Göttingen auf alterungsbeständiges Werkdruckpapier gedruckt und gebunden.
Reihenkonzept und Umschlagentwurf: Alexandra Brand
Umschlagumsetzung: Atelier Reichert, Stuttgart

Inhalt

Warum Melanchthon?

Melanchthon im Profil

Serviceteil

Warum Melanchthon?

Zitat

»Sogar seine [scil. Philipp Melanchthons] Gegner, die einer anderen Glaubensrichtung anhängen, empfinden bei der Lektüre seiner Bücher dennoch Freude, schätzen die Bildung dieses Mannes hoch und bewundern seinen Fleiß und sein Lehrgeschick. In ganz Deutschland bringen alle Katheder, Schulen und Kanzeln seine Schriften zur Sprache. Sie werden von allen, Jungen wie Alten, gelesen. […] Jener Gottesmann Martin Luther scheint mir unter diesem Eindruck treffend gesagt zu haben: Wer Philipp nicht als seinen Lehrmeister anerkenne, sei ein dummer und dämlicher Esel und ein Banause […]. Denn alles, was wir auf irgendeinem Gebiet der Wissenschaften und in der wahren Philosophie wüssten, könne Philipp bieten.« (Heerbrands Gedächtnisrede, S. 22)

Wer war Melanchthon?

Wer sich mit dem 16. Jahrhundert beschäftigt, stößt unweigerlich auf die Person Martin Luthers. Er wurde in Wittenberg zum Initiator und Motor dessen, was heute als Reformation bezeichnet wird, und wodurch sich letztlich das westliche Christentum in den römischen Katholizismus und den Protestantismus aufspaltete. Sein jüngerer Kollege in Wittenberg, Philipp Melanchthon, ist hingegen weniger bekannt. In den Darstellungen der Reformationsgeschichte taucht er nur im Schatten Martin Luthers auf. Meist wird Melanchthon dabei eine Nebenrolle zugesprochen, die in der Zusammenfassung von Luthers Gedanken bestanden habe. Als Beispiele werden hierfür Melanchthons »Loci communes« (1521) angeführt oder es wird auf die Bekenntnisschrift der »Confessio Augustana« (1530) verwiesen.

Zweifelsohne stellen beide wichtige Werke dar – sein Wirken hingegen auf diese zu begrenzen, würde bedeuten, Melanchthons Tätigkeit als Theologe und Universalgelehrter wie auch seine Arbeit als Bildungsreformer und Kirchenpolitiker zu unterschätzen. Die Beschäftigung mit diesem Reformator eröffnet nämlich nicht nur Einblicke in das Leben und Wirken einer faszinierenden und bedeutungsvollen Persönlichkeit, sondern ermöglicht es auch, das Geschehen der Wittenberger Reformation in seiner

Komplexität und seiner nachhaltigen Wirkung besser zu verstehen. Denn was von Luther anfänglich als Reform der Kirche gedacht war, fand durch die Medienrevolution schnell Verbreitung in unzähligen Buchdrucken sowie Flugschriften und ergriff die verschiedensten Gesellschaftsschichten des Reiches, von den Bauern über die Bürger bis hin zu den Reichsrittern und Territorialherren. Die Reform der Kirche beschäftigte die hohe Politik auf den Reichstagen genauso wie die internationalen Beziehungen der europäischen Staatsmächte. Sie forderte Gelehrte und Studenten an den Universitäten ebenso heraus wie die geistlichen Würdenträger bis hin zum Papst und zum Konzil. Dieses facettenreiche Beziehungsgeflecht der Reformation wurde zur Bühne des Lebenswerks von Philipp Melanchthon. Inmitten dieser vielschichtigen Auseinandersetzungen nahm er eine Hauptrolle ein und wirkte als Martin Luthers wichtigster Mitarbeiter in Wissenschaft, Theologie, Bildung und Kirchenpolitik.

Wissenschaft, Theologie, Bildung und Kirchenpolitik

Als Melanchthon 1518 dem Ruf auf die Griechischprofessur in Wittenberg folgte, hatte die Reform der Theologie bereits begonnen. Martin Luther erkannte bald die Begabungen seines neuen Kollegen und schätzte dessen Arbeit. Ein bekanntes Zeugnis seiner Hochachtung stammt aus dem Sommer 1537. Luther wählte dabei als Kriterium seiner Bewertung das sprachliche Ausdrucksvermögen (*verbum*) und den Sachgehalt der Worte (*res*), wobei er Melanchthons Fähigkeiten an denen anderer Persönlichkeiten maß:

Zitat

»Inhalt und Ausdruck: Philippus.
Ausdruck ohne Inhalt: Erasmus.
Inhalt ohne Ausdruck: Luther.
Weder Inhalt noch Ausdruck: Karlstadt.« (WATR 3, Nr. 3619)

Dem großen Humanisten Desiderius Erasmus fehlte nach Luthers Ansicht der theologische Gehalt. Sich selbst charakterisierte er als guten Theologen und schlechten Rhetoriker und der einstige Wittenberger Kollege Andreas Bodenstein von Karlstadt beherrsche weder das eine noch das andere. Lediglich Melanchthon schrieb Luther Kompetenzen in beiden Bereichen zu.

Während Melanchthon die so gepriesenen sprachlichen Fähigkeiten bereits nach Wittenberg mitbrachte, ließ er sich durch Martin Luther von der Reform der Theologie anstecken und inspirieren. In diesen Entwicklungsprozess brachte er eigene Gedanken ein, stand mit Luther in einem intensiven theologischen Austausch und setzte bei seiner Arbeit auch eigene Schwerpunkte. Über die Theologie hinaus wurde Melanchthon zunehmend in politische Angelegenheiten eingebunden: Die sächsischen Kurfürsten ließen sich über Jahrzehnte von ihm beraten, nahmen ihn als theologischen Sachverständigen auf Reichstage mit und schickten ihn zu Konventen und Geheimgesprächen. Obwohl diese Arbeit als Ratgeber unzählige Reisen mit sich brachte, vernachlässigte Melanchthon seine universitären Pflichten nicht. Die Anzahl seiner Lehrveranstaltungen geben davon bleibendes Zeugnis. Melanchthons umfassende Bildung wird an seiner thematischen Spannweite deutlich: Er verfasste sprachliche, ethische, medizinische und theologische Schriften. Zeitlebens arbeitete er daran, sein Wissen sinnvoll und verständlich zu vermitteln. Die für diesen Zweck geschaffenen Lehrbücher blieben weit über Melanchthons Leben hinaus in Geltung. Ebenso verzeichnete die von ihm begründete Bildungs- und Schulreform eine lang anhaltende Breitenwirkung. Seine umfangreiche Korrespondenz von mehr als 9.000 erhaltenen Briefen bezeugt zudem seine intensiven internationalen Kontakte.

Aufbau des Buches

Um eine historische Person im Profil darzustellen, bieten sich zweierlei Vorgehensweisen an. Die eine stellt in einer Biographie das gesamte Leben und Wirken im geschichtlichen Kontext dar, die andere ordnet das geistige Gedankengebäude nach systematischen Aspekten und fasst es in seinen geistesgeschichtlichen Entwicklungen und Veränderungen zusammen. Die Stärke einer Biographie liegt darin, dass das Handeln in Wort und Tat in die historischen Gegebenheiten eingebettet und so die Person im Rahmen ihrer Zeit und der jeweiligen Probleme und Auseinandersetzungen verstanden wird. Die systematische Zusammenschau hingegen arbeitet zentrale Themen und Schwerpunkte deutlicher heraus, als dies in einer Lebensgeschichte möglich ist. In diesem Buch wird die systematische mit der geschichtlichen Darstellung kombiniert, um der vielfältigen Wirksamkeit Melanchthons in ihrem historischen Kontext gerecht zu werden.

Melanchthons Wechsel nach Wittenberg stellt einen wichtigen Einschnitt in seinem Leben dar. Daher wird in einem ersten Kapitel seine biographische und intellektuelle Herkunft bis zu seiner Berufung als Griechischprofessor erörtert. Es schließen sich vier Kapitel mit den folgenden thematischen Schwerpunkten an: Sprachwissenschaft, Theologie, Pädagogik und Ethik. Damit sind grundlegende Bereiche der Wirksamkeit Melanchthons benannt, welchen er sich im Laufe seines Lebens durchgängig widmete. Er stellte sein humanistisch geprägtes Sprachverständnis in den Dienst der Reformation (Kapitel 2: Reform der Sprache) und wendete seine wissenschaftstheoretischen Erkenntnisse auf die theologische Arbeit an (Kapitel 3: Reform der Theologie), wobei er in beiden Bereichen seine Arbeit entsprechend den jeweils wechselnden Bedürfnissen der Zeit immer wieder aktualisierte. Dabei vertrat Melanchthon nicht nur eine gebildete Theologie, sondern forderte zugleich Bildung für jedermann und setzte sich für Schulgründungen, für die Bildung der Gemeindeglieder sowie für eine Reform des Theologiestudiums (Kapitel 4: Reform der Bildung) ein. Er ließ das konkrete moralische Verhalten der Menschen nicht außer Acht und widmete sich intensiv der Ausformulierung einer protestantischen Ethik (Kapitel 5: Glaube und gute Werke).

Die letzten drei Kapitel stellen Melanchthons Wirken im Verlauf der geschichtlichen Ereignisse und Entwicklungen dar. Zeitlebens verpflichtete sich Melanchthon der wissenschaftlichen Theologie, die zur rechten Lehre der einträchtigen, wahren Kirche führt. Daher verdient die Frage nach der kirchlichen Einheit besondere Beachtung. Kapitel 6 zeichnet die Zeit von Melanchthons Amtsantritt in Wittenberg bis zum Augsburger Reichstag 1530 nach. Das siebte Kapitel behandelt die weiteren Entwicklungen über die Reichsreligionsgespräche (1540/41) bis hin zu Luthers Tod (1546), um abschließend im achten Kapitel die Ereignisse der letzten Lebensjahre Melanchthons darzulegen. Der Augsburger Reichstag 1530 und Luthers Tod kennzeichnen dabei nicht nur Zäsuren im Laufe der reformationsgeschichtlichen Ereignisse, sondern können auch als wichtige Stationen in Melanchthons Biographie gewertet werden. Bis zum Augsburger Reichstag 1530 war Melanchthon noch von der Hoffnung auf eine friedliche Klärung des kirchlichen Streits erfüllt. Dieser Optimismus zerbrach in Augsburg. Zwar unterließ er es auch in den folgenden Jahren nicht, um die Einheit der wahren Kirche zu ringen, jedoch nahm seine Kritik an den verschiedenen theologischen Gegnern inhaltlich und sprachlich deutlich an Schärfe zu. Mit Luthers Tod änderte sich schließlich die Situation für die Wittenberger Reformation grundlegend. Durch den Verlust dieser Führungspersönlichkeit brach die Pluralität der protestantischen Theologie offen zutage. Die Frage nach der einen, wahren Lehre entwickelte sich somit zu einem innerprotestantischen Thema.

Um einen umfassenden Einblick in Melanchthons Leben und Wirken zu ermöglichen, musste aus der Fülle der vorhandenen Informationen und Themen ausgewählt werden. Folglich können weitere wichtige Themenbereiche, wie z.B. die Abendmahls- oder die Willenslehre, nur kurz angesprochen werden. Wenn die Lektüre dieses Buches Lust auf mehr Wissen über Melanchthon weckt, so dienen die Literaturangaben als Wegweiser für das Selbststudium. Diese finden sich jeweils am Ende eines jeden Kapitels sowie im Anhang, ohne jedoch einen Anspruch auf Vollständigkeit zu verfolgen.

Aus den Quellen schöpfen

Immer wieder ermahnte Melanchthon seine Schüler und Studenten, sich den Quellen in ihrem originalen Wortlaut und ihrer ursprünglichen Sprache zu nähern. Für das Studium der Theologie und der Geschichte hat die Notwendigkeit des Quellenstudiums auch über die Jahrhunderte hinweg keineswegs an Aktualität verloren. Dabei gilt die Aufforderung, aus den Quellen zu schöpfen, gerade auch für die Beschäftigung mit Melanchthons Leben und Wirken.

Wer sich Melanchthon jedoch im Original nähern möchte, stößt auf Probleme. Melanchthon schrieb am liebsten auf Lateinisch, gerne auch auf Griechisch, hingegen nur weniges auf Deutsch. Das erschwert für viele Interessierte das Quellenstudium, da bisher leider nur wenige moderne, deutsche Übersetzungen zur Verfügung stehen. Auch eine kritische Werkausgabe ist bisher noch nicht erschienen. Wer nicht auf Drucke des 16. Jahrhunderts zurückgreifen möchte, ist auf das Corpus Reformatorum angewiesen. Die 28-bändige Werkausgabe aus dem vorletzten Jahrhundert ermöglicht einen umfassenden Einblick in zahlreiche Schriften, Gutachten und Briefe, ohne jedoch alle Auflagen der jeweiligen Schriften zu bieten. Die sieben Bände der Stupperich-Ausgabe haben so manchem Desiderat Abhilfe geschaffen. Unverzichtbar geworden ist die von Heinz Scheible begonnene und nunmehr fast vollständig vorliegende, kritische Ausgabe des Briefwechsels, die Melanchthons Kommunikationsgeflecht auf eine umfangreichere Quellenbasis stellt. Zudem sind die Briefe dort in ihrem tatsächlichen Wortlaut abgedruckt, und nicht – wie im Corpus Reformatorum – in der seit Jahrhunderten übernommenen Fassung, die auf die redaktionelle Bearbeitung von Zeitgenossen des 16. Jahrhunderts zurückgeht. Erfreulicherweise sind in den letzten Jahren nicht nur zahlreiche Veröffentlichungen über Melanchthon publiziert worden, sondern auch einzelne kritische Werkausgaben und moderne deutsche Übersetzungen erschienen. Das Melanchthonjahr 2010 gibt Anlass zu hoffen, dass weitere Editionen und deutsche Übersetzungen von Melanchthons Schriften erscheinen werden.

Mit Bedacht sind jedem Kapitel zentrale Zitate aus Melanchthons Werk vorangestellt und weitere Originalaussagen im Verlauf eingefügt worden. Um der Lesbarkeit willen sind die lateinischen Zitate durchgängig in modernes Deutsch übersetzt, bei zentralen Begriffen sowie bei den Titelangaben der Schriften wird im Text das lateinische Original in Klammern geboten. Außerdem finden sich am Ende eines jeden Kapitels Quellenangaben für die weitere eigene Lektüre in deutscher Sprache. Wer Melanchthon wirklich in der Schönheit seiner Sprache, in der Vielfalt seiner Interessen, in seiner wissenschaftlichen Theologie und in seiner Leidenschaft für die wahre Kirche verstehen will, der sollte sich auf den Weg zu den originalen Schriften machen.

Quelle

Heerbrand, Jakob: Gedächtnisrede auf Melanchthon / Oratio in funebris in obitum incomparabilis viri domini Philippi Melanchthonis, 1560, Melanchthon deutsch Bd. 1, S. 11–37, lateinisch CR 10, Sp. 293–313

Literatur

Scheible, Heinz: Melanchthon. Eine Biographie, München 1997

Stupperich, Robert: Philipp Melanchthon. Gelehrter und Politiker (Persönlichkeit und Geschichte 151), Göttingen 1996

Melanchthon im Profil

1

Der intellektuelle Aufbruch am Anfang des 16. Jahrhunderts: Humanismus und Reformation

»Erst anhand der Originaltexte werden sich uns die Worte mit ihrem Glanz und ihrer eigentlichen Bedeutung erschließen, und gleichsam wie im strahlenden Licht der Mittagssonne wird sich uns der wahre und eigentliche Sinn des Buchstabens, nach dem wir auf der Suche waren, offenbaren.« (Antrittsvorlesung 1518, S. 57f)

Renaissance und Bibelhumanismus

Philipp Melanchthon wurde 1493 geboren. Seine Geburt fiel in eine Zeit, die sich in vielerlei Hinsicht im Aufbruch befand. Europaweit zeichnete sich der Umbruch politischer Strukturen ab. In einem langwierigen Prozess entwickelten sich zunehmend institutionelle Flächenstaaten mit ausdifferenzierten Regierungs- und Verwaltungsstrukturen. Bedeutender technischer Fortschritt wurde im Bereich des Buchdruckes erreicht. Johannes Gutenberg (um 1400–68) entwickelte bewegliche Metallbuchstaben und eine mechanische Druckerpresse. Damit revolutionierte er die herkömmliche Methode der Buchproduktion und löste in Europa eine Medienrevolution aus. Hinzu kam das kulturelle Aufleben der griechischen und römischen Antike, die für die Bereiche Wissenschaft, Kunst und Gesellschaft fruchtbar gemacht wurde. Diese Wiederbelebung oder Wiedergeburt (franz. *renaissance*) der klassischen Epoche wurde namensgebend für die Bewegung der Renaissance, die vor allem in Italien ihren Ursprung hatte.

In Kunst und Wissenschaft begeisterten sich auch nördlich der Alpen unterschiedliche Fachrichtungen für eine neue Sicht der Welt. Maler, Bildhauer und Architekten wandten sich in ihren Darstellungen dem Diesseitigen in seiner Schönheit zu. So war z. B. Albrecht Dürer (1471–1528) auf seinen Italienreisen von dieser neuen Weltsicht ergriffen worden und widmete sich seitdem der genauen Beobachtung der äußeren Dinge, der Proportionen von Körpern und Gegenständen sowie der Perspektive des Raums. Die Wirklichkeit des je Konkreten wurde der künstlerischen Erfassung wert. Mit diesem geschärften Sinn für Realität stellte Dürer den menschlichen Körper und die Natur in den Mittelpunkt seines weiteren Wirkens.

Im Kreise der Gelehrten wurde die klassische Antike zum erstrebenswerten Ideal. Allen voran wurde dem römischen Rhetor und Staatsmann Marcus Tullius Cicero (106–43 v. Chr.) mit seiner Betonung der sprachlichen, sittlichen und geistigen Bildung (*humanitas*) nachgeeifert. Bereits im 15. Jahrhundert hatten sich gelehrte Kreise gebildet, die sich als Humanisten (*humanistae*) begriffen und das Studium der antiken Sprachen sowie die Hinwendung zu den Quellen des antiken Geistes in ihren Originalsprachen forderten und förderten. Diese sogenannten Sodalitäten waren nördlich der Alpen u. a. von Konrad Celtis (1459–1508) gegründet worden. Eine davon war die rheinische Gesellschaft für Wissenschaft (*Sodalitas litteraria Rhenana*), zu denen auch der Hebraist Johannes Reuchlin (1455–1522) gehörte.

Der ungekrönte Humanistenkönig war jedoch Desiderius Erasmus von Rotterdam (1465/9–1536). Von ihm ist die Aussage überliefert, dass Menschen nicht als Menschen geboren, sondern als solche erzogen werden. Den Menschen zum Menschen zu bilden war ihm ein wichtiges Anliegen, das auch vor sozialen Grenzen nicht haltmachen sollte. Seiner Meinung nach sollte jeder Bauer hinter dem Pflug in der Lage sein, die Bibel zu lesen. Anders als die italienischen Humanisten blieb Erasmus jedoch zurückhaltend in seinen Aussagen über die menschlichen Möglichkeiten und Freiheiten im Handeln. Hatte Pico della Mirandola (1463–94) ein ungebrochenes Vertrauen in die Freiheit und Selbstbestimmung des Menschen, der erreichen kann, was er erreichen will, gestand Erasmus dem Menschen nur einen engen Raum des begrenzten moralischen Fortschrittes zu. Dennoch führte seine Schrift über die Freiheit des Willens (1524) zum Bruch mit der Reformation, weil Martin Luther (1483–1546) radikal dem Menschen jegliche Fähigkeit absprach, sich durch Tugend oder Moral vor Gott ins rechte Licht zu stellen.

Trotz dieses theologischen Grundkonfliktes war ein anderes seiner Werke für die Reformatoren von nachhaltiger Bedeutung. 1516 veröffentlichte Erasmus das Neue Testament in seiner Originalsprache, welches er anhand wiederentdeckter, alter griechischer Handschriften erstellt hatte. Dies war der erste erhältliche und vollständig gedruckte griechische Text des Neuen Testaments. Der humanistische Ruf »zurück zu den Quellen« (*ad fontes*) war auf eindrückliche Weise für die Bibel angewendet worden. Erasmus hatte ursprünglich mit der griechischen Ausgabe nur seine eigene lateinische Übersetzung des Neuen Testaments begründen wollen. Zugleich schuf er damit eine neue Grundlage für die Auslegung der Heiligen Schrift. Von nun an musste man nicht länger auf die bis dahin gültige lateinische Bibel (Vulgata) zurückgreifen, sondern konnte die neutestamentlichen Schriften anhand der Originaltexte in Griechisch lesen, studieren und ausgelegen. Den Zugang zum Alten Testament eröffnete Johannes Reuchlin durch seine Sprachstudien des Althebräischen und der Herausgabe einer hebräischen Grammatik. Die ersten hebräischen Bibeln wurden seit etwa 1477 im italienischen Raum gedruckt. Damit waren wichtige Grundlagen gelegt, mit verbesserter Sprachbeherrschung die Schriftfundamente des Christentums angemessen zu erschließen und auszulegen (Bibelhumanismus).

Der Aufbruch in der Wissenschaft mit seiner Hinwendung zu den ursprünglichen Schriften in Griechisch und Hebräisch verlief nicht ungebremst und ohne Widerspruch. Deutlich zu spüren bekam dies Reuchlin, der von dem Ketzermeister Jakob von Hochstraten (1460–1527) vor das Inquisitionsgericht geladen wurde. Ausgangspunkt war die Forderung eines zum Christentum bekehrten Juden namens Johannes Pfefferkorn (1469–ca. 1523), der 1507 die Konfiszierung jüdischer Bücher forderte. Nach anfänglicher Zustimmung durch Kaiser Maximilian wurden vor der Durchführung noch Gutachten zur Beurteilung dieser geplanten Beschlagnahmung eingeholt. Die zahlreichen Stellungnahmen sprachen sich mit nur einer Ausnahme eindeutig für die Aktion aus. Einzig Reuchlin stellte sich gegen das Vorhaben der Vernichtung jüdischer Schriften, was ihm im weiteren Verlauf eine Klage auf Ketzerei einbrachte. Der gesamte Vorfall spaltete die wissenschaftliche Welt und entfachte einen Streitschriftenkrieg. Um den Hebraisten und seine Position zu unterstützen, erschienen 1514 die »Briefe berühmter Männer« an Reuchlin (*Clarorum virorum epistolae*). Darin ist eine Vorrede zu finden, die vom noch jungen Melanchthon verfasst wurde.

Die Wertschätzung der originalen Quellen und das Erlernen alter Sprachen musste gerade an den Universitäten zu Neuerungen im wissenschaftlichen Lehrbetrieb führen. Doch viele berühmte Universitäten, wie z.B. in Köln, waren diesen Veränderungen gegenüber nicht offen und wurden zu Bastionen des alten Wissenschaftssystems (Scholastik). Eine Ausnahme stellte die Stadt Erfurt dar, die nicht nur mit ihrem Stadtschreiber Nikolaus Marschalk (1455–1525), sondern auch an ihrer Universität mit Conrad Mutian (1470–1526) und Eobanus Hessus (1488–1540) führende Vertreter des Humanismus besaß. Zu Erfurt gesellte sich eine zweite Universität, welche sich dem humanistischen Geist verpflichten wollte. In dem ungefähr 2000 Einwohner zählenden Wittenberg rief der kursächsische Landesherr 1502 eine neue Bildungsstätte ins Leben.

Die Wittenberger Universität

Die Gründung der Wittenberger Universität (genannt Leucorea) ging auf die Initiative des Kurfürsten von Sachsen zurück, der zur Ausbildung von Juristen, Theologen und Medizinern eine höhere Bildungsinstitution benötigte. Letztlich war die Universitätsgründung durch die Teilung des sächsischen Territoriums im Jahre 1485 notwendig geworden. Durch diese sog. Leipziger Teilung wurde der Herrschaftsbereich unter den zwei Söhnen des verstorbenen Kurfürsten Friedrich II. aufgeteilt. Albrecht (reg. 1485–1500) erhielt das wohlhabendere und einflussreichere Gebiet mitsamt der Universität Leipzig und regierte als Herzog von Sachsen (sog. albertinische Linie) in Dresden. Sein Bruder Ernst (reg. 1464–86) hingegen erhielt das mit der Kurwürde verbundene Gebiet Sachsen-Wittenberg und wurde zum Kurfürsten von Sachsen (sog. ernestinische Linie).

Ernst starb bereits im darauffolgenden Jahr, so dass sein Sohn Friedrich die Regierung übernahm. In seiner fast 40jährigen Regierungszeit lag Friedrich dem Weisen (geb. 1463, reg. 1486–1525) an einer politischen Reform zur Stärkung der Territorialmacht sowie an einer größeren Unabhängigkeit von kirchlich-päpstlicher Mitsprache in Regierungsangelegenheiten. Wichtiger Bestandteil dieser Politik war die Errichtung einer Universität im eigenen Herrschaftsgebiet. Kaiser Maximilian gewährte dazu 1502 die Erlaubnis und Friedrich wartete erst gar nicht – wie sonst üblich – die päpstliche Zustimmung ab. Dadurch fehlte ihm zwar anfänglich die kirchliche Finanzierung seiner Lehrstühle, doch hatte er dadurch mehr Freiheiten in der Ausgestaltung seiner Universität. Noch im selben Jahr öffneten sich die Tore der neuen Bildungsstätte, die in ihrer Struktur entsprechend italienischen Vorbildern modern ausgerichtet war, in der Studien- und Prüfungsordnung jedoch traditionell scholastisch blieb.

Ein Blick auf die eingestellten Professoren zeigt jedoch das Interesse an einer humanistischen Ausrichtung. Hermann von dem Busche (1468–1534) verkündigte in seiner Eröffnungsrede, dass Wittenberg ein Ort des humanistischen Lernens werden würde. Mit Nikolaus Marschalk kam eine Lehrkraft nach Wittenberg, die neben dem scholastischem Grundstudium auch Griechischkurse in privaten Veranstaltungen anbot. Schließlich kam 1507 der Nürnberger Jurist Christoph Scheurl (1481–1542) an die Universität, unter dessen Rektorat die humanistischen Studien im Grundstudium verankert wurden. Kurz darauf wurde der Augustinermönch Martin Luther in den Wittenberger Konvent versetzt und 1512 schließlich zum Professor der Theologie an die Universität berufen.

Die beginnende Reformation

Die Berufung Martin Luthers an die Leucorea sollte für die weitere Entwicklung der Universität tiefgreifende und nachhaltige Wirkungen haben. Luther beschränkte sich in seinen Vorlesungen allein auf die Auslegung biblischer Schriften. Er begann mit der Erklärung der Psalmen (1513–15) und schloss daran die Vorlesung zum Römerbrief (1515/16) an. In diesen Jahren löste Luther sich zunehmend von den Idealen der scholastischen Theologie, die auf der Autorität von kirchlichen Traditionen und Lehrmeinungen sowie der aristotelischen Philosophie beruhte, und begann, seine Theologie allein aus der Heiligen Schrift (*sola scriptura*) zu gewinnen. Dieser methodische Neuansatz fiel in die Zeit, in der Erasmus sein Neues Testament veröffentlichte, und zeigte deutliche Parallelen mit den humanistischen Reformidealen. In Wittenberg führte darüber hinaus die neue Methode zu neuen Inhalten. Das Schriftstudium brachte Luther zu der theologischen Erkenntnis, dass zwischen der menschlichen und der göttlichen Gerechtigkeit ein unüberbrückbarer Graben liegt, den die Menschen nicht durch eigenes Wirken oder Wollen beseitigen können, sondern der allein durch die göttliche Gnade (*sola gratia*) überbrückt werden kann.

Luthers Abkehr von der scholastischen Methode setzte einen Diskussionsprozess unter den Wittenberger Professoren in Gang. Universitätskollegen wie Johann Lang (1488–1548), Nikolaus von Amsdorf (1483–1565) oder Andreas Bodenstein von Karlstadt (1486–1541) begannen ebenfalls, ihre Lehre von der Bibel her neu zu orientieren und die traditionellen scholastischen Lehrmeinungen in Frage zu stellen. War dieses radikale Umdenken anfänglich ein auf die Universität beschränkter Prozess, lösten Luthers Ablassthesen 1517 eine öffentliche Kontroverse aus. Wie bei einem Flächenbrand verbreiteten sich infolge Luthers Gedanken über Europa und ergriffen alle gesellschaftlichen Schichten vom Bauern bis zum Gelehrten. Aber auch für den universitären Betrieb stellte die neue theologische Denkweise die alten Strukturen des scholastischen Studiums in Frage. Eine Theologie allein aus der Schrift basierte auf der Kenntnis der biblischen Sprachen und erforderte damit Lehrkräfte für Hebräisch und Griechisch. Die Errichtung neuer Lehrstühle und die Verankerung des Sprachstudiums im Lehrplan bedeutete eine umfassende Reform. 1516 signalisierte die Universität ihrem Kurfürsten den Reformbedarf und legte einen Maßnahmenkatalog vor. Zwei Jahre später bewilligte der Kurfürst eine Reform des Grundstudiums und die Errichtung ordentlicher Lehrstühle für Griechisch und Hebräisch. Als Hebraisten konnte man Johannes Böschenstein (1472–1540) gewinnen. Für die Griechischprofessur schlug Reuchlin seinen Schützling Philipp Melanchthon vor.

Von Bretten nach Wittenberg
Melanchthons Wurzeln und Bildung

Am 16. Februar 1497 kam Philipp Schwarzerdt als erster Sohn des Rüstmeisters Georg Schwarzerdt in Bretten zur Welt. Der Vater stand im Dienst des Kurfürsten von der Pfalz und war als Waffenschmied berufsbedingt häufig auf Reisen, so dass der Großvater die Funktion des Familienoberhaupts übernahm. Philipps sprachliche Begabung erkannte er früh und förderte diese. So besuchte der Erstgeborene zuerst die städtische Lateinschule und wurde später von dem Hauslehrer Johannes Unger aus Pforzheim unterrichtet. Unger soll von seinem Schüler viel Disziplin gefordert und Fehler maßvoll mit Schlägen bestraft haben. Außerdem ließ Unger ihn von Anfang an das Gelernte durch Rede und Gegenrede vertiefen, so dass Philipp eine solide sprachliche Kenntnis vermittelt bekam.

Von einer seiner Dienstreisen kam der Vater als kranker Mann zurück. Die Familie deutete seine chronisch verlaufende Krankheit als Folge einer Vergiftung, die er sich möglicherweise durch einen von Feinden verseuchten Brunnen zugezogen hatte. Vielleicht führte aber auch der jahrelange berufliche Kontakt als Waffenschmied mit Chemikalien zu einer schleichenden Vergiftung und schließlich zum Tod. Vater und Großvater starben kurz nacheinander 1508. Philipp wurde daraufhin mit seinen beiden Brüdern nach Pforzheim geschickt und bei Verwandten untergebracht. Elisabeth Reuchlin (um 1470–1545), die Schwester des Humanisten Johannes Reuchlin, nahm die drei Brüder auf. Sie besuchten die Lateinschule Georg Simmlers (um 1475–1535) und genossen hervorragenden Unterricht mit moderner pädagogischer Ausrichtung, da in dieser Schule der übliche Drill durch das Lernen mittels Anschauung und Verständnis ersetzt wurde. Außerdem hatte Philipp die Möglichkeit, bei Simmler die griechische Sprache zu erlernen. Das kleine Pforzheim sorgte weit über seine Grenzen hinaus für Bildung im deutschen Südwesten, die durch Melanchthon schließlich nach Sachsen hineingetragen wurde.

Nur kurze Zeit nach seinem Wechsel nach Pforzheim ist die Gräzisierung von Philipps Nachnamen belegt. Unter den Humanisten war es damals beliebt, den Namen in die griechische oder lateinische Sprache zu übersetzen. Philipps Familiennamen »Schwarzerdt« deutete Reuchlin als »schwarze Erde« und übersetzte dieses auf griechisch: »Melaina (schwarze) chton (Erde)«. Daraus formte er den Humanistennamen Melanchthon. Dokumentiert ist dieser Name in einer griechischen Grammatik, die Reuchlin auf einer Schulfeier Philipp als Geschenk mit persönlicher Widmung überreichte. Vermutlich aufgrund seines Sprachfehlers schrieb Melanchthon seinen Namen ab 1531 vereinfachend »Melanthon«.

Bereits im Alter von zwölf Jahren wechselte Melanchthon nach Heidelberg an die dortige Universität. Er begann mit dem üblichen Grundstudium (*artes liberales*) und musste wie alle anderen bereits hier eine Grundsatzentscheidung treffen. Zum Grundstudium zählte der Fachbereich der Logik. Diese wurde jedoch auf zwei verschiedene Weisen unterrichtet. Der klassische Weg (*via antiqua*) folgte Thomas von Aquin in der Frage der Erkenntnistheorie, wonach die Wirklichkeit nur in Ideen zu greifen ist: Nicht das, was wir sehen, sondern die Idee, die hinter den Dingen steht, bestimmt das Sein und das Wesen einer Sache (sog. Realismus). Dagegen hatte Wilhelm von Ockham eine neue Denkweise (*via moderna*) eingeführt, welche die Wirklichkeit der konkreten Dinge betonte: Alle Allgemeinbegriffe sind gedankliche Abstraktionen, die als Bezeichnungen (*nomen*) von Menschen gebildet werden (sog. Nominalismus). In Heidelberg entschied sich Melanchthon für die *via antiqua*. Während seines Grundstudiums wurde er zudem durch Reuchlin in den dortigen Kreis der Humanisten eingeführt. Außerdem überdauerten viele in Heidelberg geschlossene Freundschaften die Studienzeit weit. Insbesondere gilt dies für Johannes Brenz (1499–1570), dem späteren einflussreichen Reformator in Südwestdeutschland.

Zum frühestmöglichen Zeitpunkt erlangte Melanchthon 1511 seinen ersten Abschluss, den Grad des *baccalaureus artium*. Melanchthon wurde allerdings von der Heidelberger Universität nicht zu weiteren Studien und dem Erwerb des nächsthöheren Grades (*magister artium*) zugelassen, da er den Lehrern noch zu jung erschien. Für diese Entscheidung entschuldigte sich die Heidelberger Universität ein gutes Jahrzehnt später. Melanchthon selbst wechselte ein Jahr nach seiner Prüfung an die Tübinger Universität, wobei dieser Schritt auch durch den Tod seines Gastgebers Pallas Spangel (um 1450–1512) bedingt gewesen sein kann.

In Tübingen legte Melanchthon 1514 seine Magisterprüfung ab, nun aber in der Schule des Nominalismus. Über die Gründe, warum er zur *via moderna* gewechselt ist, lässt sich nur spekulieren. Wichtiger ist vielmehr, dass er seine humanistischen Studien in vielerlei Weise intensivierte. Ihn beschäftigte die Kunst der Argumentation und der Rhetorik, er erwarb hebräische Sprachkenntnisse und veröffentlichte sogar eine griechische Grammatik. Darüber hinaus vertiefte er sich in die Schriften des Erasmus. Wohl hörte Melanchthon an der Universität auch theologische Vorlesungen, ohne aber – was durchaus möglich gewesen wäre – einen theologischen Abschluss zu erwerben. Außerdem beschäftigte ihn die Astronomie, welche in Tübingen durch Johann Stöffler (1452–1531) gelehrt wurde. Dieser erstellte u. a. astronomische Uhren und (Himmels-) Globen sowie Kalendarien der Gestirnspositionen oder auch Horoskope. Zeitlebens blieb Melanchthon ein Anhänger der Astrologie.

Über seine eigenen Studien hinaus wurde Melanchthon als Gelehrter und Lehrer aktiv. Für Lehrzwecke übersetzte er in dieser Zeit u. a. Plutarch, veröffentlichte eine Terenz-Ausgabe und plante eine am griechischen Original gereinigte Aristoteles-Ausgabe. An der Universität bot er Griechischunterricht sowie Veranstaltungen zur Dialektik und Rhetorik an. Bekannt geworden ist seine Vorlesung über die freien Künste, in der er seine Theorie des Studiums darlegte und das Grundlagenstudium für alle weiteren Studien betonte. Nebenbei war Melanchthon als Korrektor in der Druckerei Thomas Anshelms († 1524) beschäftigt, die insbesondere Bücher von Humanisten verlegte. In seiner Tübinger Zeit befreundete er sich auch mit Johannes Oecolampad (1482–1531). Durch ihn kam Melanchthon in den Besitz eines wichtigen humanistischen Sprachlehrbuchs. Oecolampad schickte ihm die postume Veröffentlichung der Dialektik des Rudolph Agricola, welche Melanchthon intensiv studierte und die sein eigenes Sprachverständnis nachhaltig prägte.

Als 1518 die Professur für griechische Sprache in Wittenberg zu besetzen war, wollte der Kurfürst von Sachsen den hochberühmten Johannes Reuchlin gewinnen. Reuchlin lehnte ab und empfahl seinen Schützling Melanchthon, den er – nach Desiderius Erasmus – als zweitbesten Mann der Gelehrtenwelt lobte. Friedrich der Weise folgte der Empfehlung und erteilte Melanchthon den Ruf auf diese Professur.

Melanchthons Antrittsvorlesung

Am 25. August 1518 traf Melanchthon in Wittenberg ein. An dem darauffolgenden Sonntag hielt er seine Antrittsvorlesung – wie bei allen besonderen akademischen Veranstaltungen üblich – in der Schlosskirche. Es war eine flammende Rede für die Notwendigkeit einer Studienreform, die im klaren Gegensatz zu den scholastischen Wissenschaften stand. Melanchthon führte seinen Zuhörern den Unterschied zwischen beiden wissenschaftlichen Wegen vor, so dass, so argumentierte er, diese sich selbst ein Urteil bilden könnten, ob die sich wiederbelebenden Wissenschaften nützlicher als das alte Verfahren seien.

Im historischen Teil der Rede zeigte er die Gründe für den Niedergang der Wissenschaften auf: Die griechische Sprache sei vergessen worden, die antiken Schriftsteller würden gar nicht oder nur in schlechten Übersetzungen gelesen, Unkenntnis bestimme die Mathematik und die Theologie würde mit zu wenig Sorgfalt betrieben. Dem Verfall der Bildung folge als Konsequenz der Verfall der Frömmigkeit, die durch Menschensatzungen, Zeremonien und anderen kleingeistigen Regeln verdrängt werde.

Sodann bot Melanchthon ein Programm zur Überwindung dieser Krise: Die Studenten sollten das Hauptaugenmerk auf das Grundstudium richten, vor allem auf das Sprachstudium. Dies umfasse nicht nur Sprachkenntnisse in Latein, Hebräisch und Griechisch, sondern auch den geschulten Umgang mit Sprache in logischer Argumentation (Dialektik) und stilvoller Ausformulierung eines Gedankenganges (Rhetorik). Wegweisend solle unter den antiken Autoren u. a. Aristoteles im griechischen Original werden. Außerdem erachtete Melanchthon das Geschichtsstudium als unentbehrlich. Ein so verstandenes Grundstudium sei gerade für die Theologie wichtig, betonte Melanchthon weiter, denn wer sich den Quellen zuwende, der beginne Christus zu schmecken.

Melanchthon beschloss seinen Vortrag mit einem ermutigenden Aufruf an die Studenten, die Lust daran finden sollten, ihre Verstandeskräfte einzusetzen und die antiken Autoren und Sprache voller Ehren zu studieren. Dann würden die schon jetzt zu spürenden zarten Anzeichen einer neu erwachenden Sittlichkeit und Wissenschaftlichkeit sich weiter entfalten und die unkultivierte Lehre verdrängen.

Melanchthons Antrittsvorlesung passte in das Wittenberger Klima und fand uneingeschränkte Zustimmung unter den Universitätskollegen. Luther berichtete in Briefen über dieses Ereignis und war voll des Lobes für diese hochgelehrte Rede, die ganz ohne Fehl gewesen sei. Der erste äußerliche Eindruck von der schmächtigen Person, so Luther weiter, habe sich durch die Rede in Bewunderung und anhaltenden Beifall gewandelt.

Humanismus und Reformation

Melanchthons Antrittsvorlesung dokumentiert eindrücklich die Bildungsideale und -visionen, mit denen er als junger Professor seine Tätigkeit in Wittenberg antrat. Seine humanistischen Forderungen eines erneuerten Grundstudiums anhand der originalen Sprachen verkündigte er an einem Ort, an dem sich bereits vieles im Umbruch befand. Doch Luthers Theologie forderte mehr als eine Studienreform. Dieses Zusammentreffen der Reformideen gab in der Forschungsgeschichte Anlass, darüber zu diskutieren, wie sich Melanchthons Denken durch seinen Wechsel nach Wittenberg veränderte und entwickelte.

Allgemein wird von einem Entwicklungsprozess beim jungen Melanchthon gesprochen. Dieser Prozess findet jedoch forschungsgeschichtlich unterschiedliche Bewertungen, die grundlegend auf der Beantwortung zweier Fragen basieren: Erstens, wie verhält sich der Humanismus zur Reformation? Zweitens, in welchem Verhältnis stehen Melanchthon und Luther zueinander? Verkürzt formuliert wurde die zweite Frage über lange Zeit aus der Perspektive Luthers beantwortet und im Extremfall wurde Melanchthon daran gemessen, ob er Luther richtig verstanden habe. Karl Holl beantwortet dies mit einem eindeutigen Nein und weist Melanchthon die Rolle zu, die wahre Reformation verfälscht zu haben. Ohne Zweifel wurde Melanchthon vom reformatorischen Gedankengut erst in Wittenberg erfasst, was nicht zuletzt die Widmungsrede zur veröffentlichten Antrittsvorlesung, die im Oktober desselben Jahres erschien, zeigt. Darin bezeichnete Melanchthon Luther als Chorführer der Wahrheit. Dennoch scheinen der jüngeren Forschungsgeschichte weder die Gegensatzpaare Reformation – Humanismus noch die Bewertung Melanchthons auf der Folie Luthers geeignet, um seine Entwicklung sachgerecht zu beschreiben. Vielmehr wird Melanchthon in seinem Wirken gewürdigt und sein Beitrag zum Wittenberger Diskussionsprozess und zur Reformation dargestellt. Schon Luther formulierte Melanchthons eigenständige Größe und seine Bedeutung in einem Bild:

Zitat

»Ich [scil. Luther] bin dazu geboren, das ich mit den rotten und teuffeln mus krigen und zu felde liegen, darumb meiner Bücher viel stürmisch und kriegisch sind. Ich mus die klötze und stemme ausrotten, dornen und hecken weg hawen, die pfützen ausfullen und bin der grobe waldrechter, der die ban brechen und zurichten muss. Aber M. Philipps feret seuberlich und still daher, bauet und pflanzet, sehet und begeust mit lust, nach dem Gott yhm hat gegeben seine gaben reichlich.« (WA 30/2, S. 68 f)

Quelle

De corrigendis adolescentiae studiis (1518) / Wittenberger Antrittsvorlesung, in: Melanchthon deutsch Bd. 1, S. 41–63, lateinisch CR 11, Sp. 15–25

Literatur

Augustijn, Cornelis: Humanismus (KIG 2,2), Göttingen 2003

Grossmann, Maria: Humanism in Wittenberg 1485–1517, Nieuwkoop 1975

Kruse, Jens-Martin: Universitätstheologie und Kirchenreform: Die Anfänger der Reformation in Wittenberg 1516–1522 (VIEG 187), Mainz 2002

Maurer, Wilhelm: Der junge Melanchthon zwischen Humanismus und Reformation, Bd. 1: Der Humanist, Göttingen 1967

Reform der Sprache: Dialektik und Rhetorik im Wandel

»Niemand ist so von Sinnen, nicht zu erkennen, dass wir eine wirklich zuverlässige Technik des Redens brauchen, mit der wir unsere Gedanken klar darlegen, gleichgültig, welche öffentliche oder private Angelegenheit zur Verhandlung ansteht. […] Denn wer eine Angelegenheit richtig abschätzen will, der wird einsehen, dass es keinen großen Unterschied macht, ob man völlig stumm ist oder ohne rednerische Kunst spricht. Man kann nämlich unmöglich seine Gedanken so darlegen, dass sie verständlich sind, wenn man nicht die Fähigkeit zu reden mit Hilfe der [sprachlichen] Kunst erwirbt und festigt.« (Loblied der Beredsamkeit, 1523, nach Melanchthon deutsch Bd. 1, S. 66)

Die Bedeutung von Sprache

Reden zu können gehört zu den wichtigsten Fähigkeiten eines Menschen. Denn wer sich selbst, seine Gedanken und Gefühle ausdrücken und die Äußerungen anderer verstehen kann, vermag auf kommunikative Weise mit anderen Menschen in Beziehung zu treten und findet sich leichter in seiner Lebenswelt zurecht. Deshalb wurde dem Sprachstudium bereits seit der Antike großer Wert beigemessen. Die Inhalte dieses Sprachstudiums umfassten dabei nicht nur die Kenntnis des grammatisch korrekten Gebrauchs der Wörter (Grammatik), sondern auch die sachlich richtige Verwendung von Begriffen und die Entwicklung logischer Argumentation (Dialektik) sowie die in Sprache, Form und Aufbau stilvolle Ausarbeitung eines Gedankenganges (Rhetorik), z. B. in Form einer Rede.

Diese drei Disziplinen der Grammatik, Dialektik und Rhetorik wurden *trivium* genannt und zählten zu den sieben freien Künsten (*artes liberales*), die im Frühmittelalter zu den Grundkenntnissen eines gebildeten Menschen gehörten. Nach dem Erlernen von Lesen, Schreiben und lateinischen Fertigkeiten, galt das *trivium* neben den anderen Fächern der Arithmetik, Geometrie, Musik und Astronomie (*quadrivium*) als Vorbereitung für alle weiteren wissenschaftlichen Studien. Mit dem Aufkommen der Universitäten und der Ausdifferenzierung in höhere Fakultäten (Theologie, Medizin, Recht) entwickelten sich die sieben Künste (*artes*) zu einem eigenen Fachbereich, der Artistenfakultät, die jeder Student im Grundstudium durchlaufen musste.

Standen anfänglich alle sieben Fächer der *artes liberales* in ihrer Bedeutung gleichwertig nebeneinander, verschob sich im Laufe des Mittelalters die Gewichtung hin zu einer Betonung der Dialektik. Dies war dem Umstand zu verdanken, dass zunehmend lateinische Übersetzungen des antiken griechischen Philosophen Aristoteles zur Verfügung standen. Eine auf dem lateinischen Aristoteles fußende Sprachlogik gewann an enormer Bedeutung. Um ja allen logischen Fällen gerecht zu werden, wurden die dialektischen Lehrbücher zunehmend komplexer, womit sich das Studium der Dialektik differenzierter und komplizierter gestaltete.

Philipp Melanchthon war mit diesen mittelalterlichen, dialektischen Lehrbüchern vertraut. Doch er urteilte scharf: Derartige Logiker würden die dialektischen Regeln bis zur Sinnlosigkeit mit Spitzfindigkeiten vermehren und dabei noch behaupten, dieser Irrgarten sei zu irgendetwas brauchbar. Dabei würden sie die Regeln der Sprache nur noch als Hilfsmittel für Streit, Sticheleien und Phrasendrescherei verwenden. Jene »Meister des Nichtwissens«, wie Melanchthon derartige Sprachforscher nannte, hatten dem Grundstudium seinen Inhalt geraubt.

Melanchthon kritisierte jedoch nicht nur die so verkommenen Wissenschaften, sondern bemühte sich ebenfalls um eine Reform der so wichtigen Sprachkunst. Da die Studenten wieder lernen sollten, weshalb Grammatik, Dialektik und Rhetorik für sie so bedeutsam waren, verfasste er diesbezüglich eigene Lehrbücher. Die zahlreichen Auflagen und Versionen seiner dialektischen und rhetorischen Lehrbücher sind noch nicht in allen Details gesichtet und erforscht. Als gesichert gilt jedoch, dass Melanchthons Reform der sprachlichen Künste in mehreren Anläufen verlief. Überblickt man die Druckgeschichte der dialektischen und rhetorischen Lehrbücher, wird ersichtlich, dass er diese gleichsam in drei Phasen neu bearbeitete und auflegte.

Die Erstausgaben der Dialektik und Rhetorik erschienen bereits kurz nach seinem Wechsel nach Wittenberg. Es handelte sich um kurze Lehrbücher, die Sprachkompetenz kompakt und lebensnah vermittelten und von jeglichen überflüssigen Verschnörkelungen frei waren. Mitte der 1520er Jahre überarbeitete er seine Handbücher zu neu formulierten Ausgaben. In dieser zweiten Phase trat noch deutlicher sein Anliegen zutage, die sprachlichen Disziplinen für die reformatorische Theologie und die kirchlichen Themen nutzbar zu machen. In einem dritten Anlauf schließlich widmete er sich in den vierziger Jahren nur noch seinem dialektischen Lehrbuch, welches neu konzipiert in verschiedenen Revisionen veröffentlicht wurde.

Warum machte sich Melanchthon diese Mühe mit den Neuauflagen? Warum veröffentlichte er zu unterschiedlichen Zeiten immer wieder sprachliche Handbücher? Für Melanchthon bedeutete Sprachkompetenz keine spitzfindige Spielerei, an der man sich wie bei einem Hobby aus reiner Lust ergötzt. Sprache und gesellschaftliches Leben gehörten für ihn untrennbar zusammen. Deshalb mussten seine Lehrbücher der Sprachkompetenz den gerade anliegenden gesellschaftlichen Anforderungen gerecht werden. Melanchthon legte seinen Werken die Kriterien der Aktualität und des konkreten Lebensbezugs in sämtlichen Wissenschaftsbereichen zugrunde. Und das bedeutete eben auch, dass er viele seiner zentralen Werke immer wieder neu überarbeiten und herausgeben musste.

Kompakte Sprachkompetenz – die Erstauflagen der Lehrbücher

Allein in den ersten drei Jahren seiner Tätigkeit in Wittenberg erschienen von Melanchthon drei sprachliche Lehrbücher, zwei davon waren der Rhetorik gewidmet. Warum Melanchthon gerade die Rhetorik so schätzte, beschrieb er in seinem ersten Lehrbuch von 1519, das er wohl noch zu seiner Tübinger Zeit konzipiert hatte:

Zitat

»Die Sprachfähigkeit dient […] der Verwaltung des Gemeinwesens, den Gerichtsverhandlungen, um Ratschläge und Gesetze einzubringen, Lastern entgegen zu wirken, um Kriegs- und Friedensrecht zu schaffen, und schließlich allen Ämtern einer recht zu verwaltenden Bürgerschaft. Deswegen hat die Rhetorik auch den ersten Platz unter den wichtigen Künsten inne […]. Aristoteles nennt sie daher ›bürgerliche Fähigkeit‹.« (zitiert nach Kuropka, Wissenschaft, S. 14f)

Ganz nach humanistischer Diktion zeichnete Melanchthon hier die Sprachkompetenz als notwendigen Bestandteil aller gesellschaftlichen Zusammenhänge aus. Daher galt das Sprachvermögen als grundlegende bürgerliche Fähigkeit. Die Studenten lernten sie also, um den Anforderungen ihrer späteren Berufe als Juristen, politische Berater oder Theologen gerecht zu werden. Für die Pfarrer führte Melanchthon schon hier aus, dass die Rhetorik ein unerlässliches Hilfsmittel für die Bibelauslegung und die Predigt sei: Der Pfarrer müsse ein guter Rhetoriker sein, um sachgemäß und verständlich zu predigen. Den praktischen Sitz hat diese Disziplin also im öffentlichen Leben.

1520 erschien dann das erste Lehrbuch der Dialektik, welches sich wie das rhetorische Pendant durch die Kürze der Darstellung auszeichnete. Mit einfachen, leicht erlernbaren und verständlichen Regeln präsentierte Melanchthon den Studenten die Grundpfeiler der Dialektik, wie etwa die Definition eines Begriffes oder Regeln zur Erstellung von Thesen. Auffällig ist, dass Melanchthon den antiken Lehrmeister Aristoteles in seinem Lehrbuch nicht mehr namentlich als Autorität heranzog. Vielmehr berief er sich explizit auf lateinische Autoritäten wie Cicero und Quintilian. Im Hintergrund dieser Veränderung stand die theologische Kritik an Aristoteles, die in Wittenberg mit den reformatorischen Umbrüchen aufgekommen war.

Aristoteles im Kreuzfeuer der Kritik

Philipp Melanchthon begegnete Aristoteles möglicherweise schon zu seiner Pforzheimer Schulzeit im griechischen Original. Auf jeden Fall unterstützte er das humanistische Anliegen, den fehlerhaften, z. T. sogar unverständlichen lateinischen Text der mittelalterlichen Aristotelesausgaben durch einen an griechischen Originalquellen überprüften und korrigierten Text zu ersetzen. Melanchthon belegte seine Hochschätzung des Aristoteles nach dem griechischen Original deutlich in seiner Antrittsvorlesung (1518).

In Wittenberg hingegen erfreute sich Aristoteles zu dieser Zeit keiner großen Beliebtheit. Nur wenige Monate vor Melanchthons Wechsel hatte Martin Luther auf der Heidelberger Disputation eindeutig eine andere Meinung über Aristoteles vertreten. Luther machte nämlich die logischen Regeln des Aristoteles verantwortlich für eine wahre Tyrannenherrschaft in der Auslegung der Heiligen Schrift, so dass seiner Ansicht nach die Bibel selbst zum Sklaven des Aristoteles geworden war. Deutlich wird dies an dem Verständnis von Gerechtigkeit. Für Aristoteles erzielte der Mensch Gerechtigkeit durch die häufige Wiederholung von gerechten Taten. Diese Lehre, so Luther, verstelle aber den Weg zum biblischen Gerechtigkeitsbegriff, da Röm. 1 17 lehre, dass die Menschen Gerechtigkeit vor Gott nicht erlernten oder durch häufige gute Taten erwirkten, sondern dass sie ihnen durch Glauben eingegossen werde.

Wie verhielt sich Melanchthon angesichts dieser scharfen Aristoteleskritik Luthers? Hier zeigen sich in der Forschung unterschiedliche Beurteilungen. Die eine Seite vertritt den Ansatz, dass Melanchthon sich unter Luthers Einfluss radikal von jeglicher Philosophie abwandte, bevor ihm später eine Synthese zwischen Philosophie und Theologie gelang. Andere betonen hingegen, dass bei Melanchthon Aristoteles, Philosophie und Sprachwissenschaft nicht undifferenziert gleichgesetzt werden können. Denn 1520 veröffentlichte Melanchthon ja ein Lehrbuch zur Logik. Dieses sprachliche Fach blieb ihm also trotz aller theologischen Kritik unersetzlich wichtig. Allerdings lernte Melanchthon von Luther die Gefahr der Philosophie und insbesondere des Aristoteles für die Theologie kennen und musste angesichts seiner Wertschätzung der Sprachkompetenz die Verhältnisbestimmung klären: Welche Rolle darf Aristoteles in der Dialektik spielen? Und: Wie verhalten sich die Sprachwissenschaften zur Auslegung der Bibel (Hermeneutik)?

Dieser Klärungsprozess verlief über mehrere Jahre, und die Antworten veränderten sich währenddessen. Festzuhalten ist aber, dass Melanchthon von Anfang an ein Sprecher wider die Verachtung der klassischen Bildung war und dies auch blieb. Trotzdem ist anderseits erkennbar, dass eine positive Würdigung des Aristoteles aus Melanchthons Werken verschwand und zuweilen eine deutliche Kritik an dem Griechen zutage trat. In seiner biblischen Dogmatik schrieb er 1521 über Aristoteles: »Was geht mich an, was dieser Streithahn dachte?« (Loci communes, S. 102)

Wie die Logiker des Mittelalters ereilte Aristoteles also die Kritik der Streitsucht. An die Stelle des Griechen trat sodann ein anderer klassischer Gelehrter, nämlich der Lateiner Cicero, auf den Melanchthon sich fortan sowohl in der Dialektik, der Rhetorik als auch in seinen ethischen Schriften berief. Die Gründe dafür legte Melanchthon offen: Cicero sei nicht ein Theoretiker wie Aristoteles, denn seine Überlegungen zielten allein auf die Praxis. Nicht theoretisch, sondern lebensnah muss es sein!

Die praktische Relevanz der Rhetorik zeigte Melanchthon sodann mit der Neuauflage seines rhetorischen Lehrbuches von 1521 und beantwortete damit auch die zweite Frage nach dem Verhältnis von Sprachwissenschaft und Schriftauslegung. Das als Vorlesungsdiktat konzipierte Lehrbuch widmete sich nun bedeutend ausführlicher dem Thema der Stilmittel (*elocutio*), so dass fast die Hälfte des Lehrbuches diesen Teil behandelte. Theologen müssten mit rhetorischen Formen wie der Metapher oder der

Allegorie vertraut sein, wollten sie die Heilige Schrift recht verstehen. Die Stilmittel würden aber nicht nur zum Verständnis einzelner biblischer Ausdrucks- und Darstellungsweisen beitragen, sondern die Rhetorik stelle insgesamt eine grundlegende Methode der Schriftauslegung bereit. Denn anhand rhetorischer Analysen ist für Melanchthon der einfache und wörtliche Sinn der biblischen Schriften zu verstehen. Nach vier Sinnebenen (Vierfacher Schriftsinn) zu suchen, wie es in der mittelalterlichen Auslegung üblich war, führe hingegen vom Text ab. Die vierfache Schriftauslegung frage neben dem wörtlichen auch nach dem typologischen (d. h. dogmatisch-theologischen), dem tropologischen (d. h. moralischen) und dem eschatologischen (d. h. endzeitlichen) Sinn. Dies verurteilte Melanchthon als sprachlichen Irrsinn, der die Klarheit der Heiligen Schrift verdunkele, denn Sprache sei der Sache nach eindeutig – und der Heilige Geist auch! Hatte Luther schon länger diesen vierfachen Schriftsinn als Auslegungsmethode verworfen und den einfachen Wortsinn gelehrt, lieferte nun Melanchthon mit seinem rhetorischen Lehrbuch hierfür eine wissenschaftliche Begründung.

Im Verlauf der ersten drei Lehrbücher durchlief Melanchthons Sprachverständnis bereits entscheidende Entwicklungen. Sinnvoll reformiert waren Dialektik und Rhetorik unentbehrliche Grundlagen jeden Redens und Verstehens und boten für die reformatorische Theologie unentbehrliche Hilfsmittel in der Schriftauslegung und der Predigtlehre. Zudem wandte er sich, bedingt durch Luthers Kritik an Aristoteles, von diesem ab und betonte statt aristotelischer Theorie den praktischen Nutzen der Sprachwissenschaft in Nachfolge von Cicero. Die Kritik am wissenschaftlichen Gebrauch oder Missbrauch des Aristoteles führte also nicht zur Abkehr von den Wissenschaften.

Sprachliche Genauigkeit für Theologie und Kirchenpolitik

Die ersten drei Lehrbücher genügten Melanchthons Anforderungen nur für kurze Zeit. Denn ab 1527 erschienen in jährlichem Rhythmus drei Neuauflagen seines dialektischen Kompendiums. Alle drei Lehrbücher setzten dabei besondere inhaltliche Akzente, die als Reaktion auf kirchenpolitische Entwicklungen zu deuten sind.

Als wichtige Neuerung fügte Melanchthon 1527 einen ausführlichen Abschnitt zur Definition (*definitio*) in sein Lehrbuch ein. Er betonte die Fähigkeit der präzisen Begriffsbestimmung, da nur die genaue Definition die Eindeutigkeit garantiere. Gerade diese sachliche Klarheit war in der

Kirche dringend gefragt. Die Reformation war schon lange kein ausschließliches Wittenberger oder innersächsisches Thema mehr. Luthers reformatorische Erkenntnis hatte sich wie ein Flächenbrand in rasanter Geschwindigkeit in alle Richtungen hin ausgebreitet. Die reformatorischen Erkenntnisse schlugen sich in konkret fassbaren Änderungen nieder. Gottesdienstreform, Abendmahl mit Brot und Wein, Abschaffung des Priesterzölibats und Schließung der Klöster sowie damit verbundene finanzielle Neuregelungen alter Kirchengüter waren die praktischen Konsequenzen, welche die Einheit der Kirche wie den Frieden im Reich gefährdeten. Für Melanchthon lag die Hauptursache des theologischen Streits vor allem in einem begründet: der sprachlichen Ungenauigkeit. Würden die Theologen auf genaue Begriffsbestimmung und klarere Definition achten, gäbe es weniger Streit und mehr Klarheit in der Kirche, davon war Melanchthon überzeugt. Um dies zu erreichen, bedürfe es einer Schärfung der Urteilsfähigkeit. Die Dialektik, so Melanchthon, verleihe den Worten Klarheit, wie wenn verschmutzten Augen wieder Sehschärfe verliehen werde.

In der nächsten Fassung seines Lehrbuches (1528) findet sich eine neue Antwort auf die Frage nach der Rolle des Aristoteles in der Dialektik: Nun griff Melanchthon auf den griechischen Logiker ohne jeden negativen Beigeschmack zurück. Eine ausdrückliche Begründung fehlte in dieser Version noch, diese reichte Melanchthon jedoch 1529 nach: Aristoteles sei ein Meister der dialektischen Methode und die Dialektik die grundlegende Methodenlehre (*methodus*) für alle anderen Wissenschaftszweige. Wohl hätten Jura, Medizin und Theologie jeweils ihre eigene *methodus*, in der Theologie z. B. sei dies der Römerbrief des Apostels Paulus. Doch die sprachliche Grundlage der jeweiligen Methoden, so Melanchthon, sei die Dialektik.

Bei aller Notwendigkeit einer praktischen Ausrichtung der Sprachkompetenz, die für Melanchthon unangefochten blieb, stellte er nun fest, dass jegliche Wissenschaft ein theoretisch abgesichertes System brauche. Inmitten des Kirchenstreits galt dies insbesondere für die Theologie. Seine zeitgleich erscheinenden Veröffentlichungen zum *methodus* der Theologie zeigen, wie eng verzahnt Melanchthon hier dachte und arbeitete: Seine Auslegung des Römerbriefs stellte ein biblisch-wissenschaftliches Fundament der reformatorischen Theologie dar. Die Rückkehr zu Aristoteles ist also nicht als Rückfall in alte Denkstrukturen oder als Abkehr von der reformatorischen Theologie zu werten, sondern vielmehr im Kontext der Entwicklung einer wissenschaftlichen Methodenlehre zu sehen.

Rhetorik für Theologie und Kirchenpolitik

Nachdem der Überarbeitungsprozess der Dialektik abgeschlossen war, wandte Melanchthon sich der Rhetorik zu, denn beide Disziplinen standen für ihn in enger Verbindung, da nur aus dem Zusammenspiel von dialektischen und rhetorischen Fertigkeiten am Ende eine vollendete Sprachkompetenz entstehen kann.

Aus dem vormals kurzen Vorlesungsdiktat wurde eine vollständige und ausführliche Neuausgabe, die bisher als einziges sprachliches Lehrbuch in einer modernen lateinisch-deutschen Edition vorliegt. Zu den wichtigen Besonderheiten dieser Neuauflage zählen die Veränderungen im Bereich der Redegattungen (*genera causarum*). Eine Redegattung fasst all jene Reden zusammen, die für einen bestimmten Zweck verfasst werden. So können Reden Lob oder Tadel von Personen und Ereignissen zum Ziel haben, (politische) Beratung bezwecken oder aber auch die Klärung von gerichtlichen Streitfällen anstreben. Für jede dieser drei Gattungen bietet die Rhetorik einen fest vorgeschriebenen Aufbau und passende Stilmittel, mithilfe derer ein Redner seinen Vortrag verfassen kann.

In dieser Rhetorikausgabe erweiterte Melanchthon eine von ihm eigens entwickelte vierte Redegattung und pointierte deren Zweck: die Lehrrede (*genus didaskalikon*). In dieser Gattung vereinte er wahre Erkenntnis des Redners mit kompetenter Sachvermittlung, wodurch, so Melanchthon, selbst die schwierigsten Themen leicht und stilvoll vermittelt werden könnten. Das *genus didaskalikon* als Teil von Melanchthons Bildungsprogramm zielte auf den kirchlichen Nutzen: In einer Zeit der Glaubensumbrüche war es besonders wichtig, den Menschen theologische Themen wie Buße oder Rechtfertigung auf verständliche und eindrückliche Weise zu erklären. Die Notwendigkeit dieser kirchlichen Bildungsarbeit war Melanchthon in den Gemeinden vor Ort auf seinen Visitationsreisen begegnet. Dort hatte er die Probleme mangelnder religiöser Bildung erlebt. In seinem Lehrbuch stellte er den zukünftigen Pfarrern ein sprachliches Hilfsmittel vor, das den Bildungsstand der Gemeindeglieder verbessern sollte.

Auch an anderen Stellen ist die kirchliche Ausrichtung dieses Lehrbuches zu spüren. Die Gattung der Gerichtsrede, eigentlich für Juristen gedacht, sei auch für Theologen wichtig, und das in doppelter Hinsicht. Erstens würden in der Kirche viele Streitfälle diskutiert. Um aber sinnvoll zu streiten, müsse man wissen, worum gestritten werde und das Hauptthema (*status*) benennen können. Dass die Praxis ganz anders aussah, hatte Melanchthon ein Jahr zuvor auf dem Augsburger Reichstag (1530) selbst erlebt. Für ihn waren dort die kirchlichen Themen ziellos und unwissenschaftlich verhandelt worden. Die Unfähigkeit der dort anwesenden altgläubigen Theologen hatte Melanchthon zutiefst erschüttert. In seiner Rhetorik betonte er als zweiten Aspekt der Gerichtsrede, dass sie ein wichtiges Werkzeug für die Auslegung der Heiligen Schrift sei. Der Apostel Paulus habe seine Briefe nach den Regeln der antiken Rhetorik verfasst. Wer also die paulinischen Briefe verstehen wolle, müsse sie rhetorisch analysieren und auslegen. Allen voran gelte dies für die theologische Methodenlehre des Römerbriefes.

Wer nun den Römerbrief nach rhetorischer Weise entschlüsselt, wird zum einen auf die Lehre von der Rechtfertigung als Hauptanliegen des Briefes und zum anderen auf alle wichtigen theologischen Themen stoßen. Auf Lateinisch heißen diese Allgemeinplätze *loci communes*, gleichnamig mit Melanchthons biblischer Dogmatik. Dabei müssen Theologen jedoch beachten, dass theologische *loci* keine Erfindungen des menschlichen Verstandes sind, sondern aus der Heiligen Schrift selbst gewonnen werden. In der Rhetorik dienen *loci* als Gedächtnisstützen und der Systematisierung von Wissen. Neben ihrer Verwendung in der Rhetorik existiert dieser Begriff auch in der Dialektik, wobei er dort Argumentationshilfen (*loci argumentorum*) bezeichnet.

Sprache als Band der Eintracht

Methodisch abgesicherte und sprachlich präzise Wissenschaft, insbesondere für Theologie und Kirche, war das Ergebnis der sprachlichen Lehrbücher der zweiten Überarbeitungsphase. In der Folgezeit unterzog Melanchthon sein rhetorisches Lehrbuch nur noch kleineren Veränderungen; vor allem aktualisierte er jene Beispiele, anhand derer er die rhetorischen Regeln erklärt hatte, und fügte außerdem verschiedene Anhänge bei. Anders verhielt es sich bei seinem dialektischen Handbuch. In den 1540er Jahren zeigte Melanchthon wieder intensives Interesse an Überarbeitungen und Neuausgaben. Leider sind die Druckgeschichte und die inhaltlichen Veränderungen der dialektischen Lehrbücher dieser Zeit noch nicht ausführlich erforscht.

Warum zeigte Melanchthon nun ein vermehrtes Interesse an der Dialektik, während seine Beschäftigung mit der Rhetorik nahezu ruhte? Gerade wenn man Melanchthons ursprüngliche Hochachtung der Rhetorik vor Augen hat, mag dies verwundern. Doch auch hier scheint es sich um eine bewusste Entscheidung zu handeln, die wiederum den Erfahrungen der kirchenpolitischen Entwicklungen Rechnung trägt. In den 1530er und 40er Jahren fanden nach dem gescheiterten Einigungsversuch in Augsburg Verhandlungen und Religionsgespräche auf unterschiedlichen Ebenen statt. Melanchthon war sowohl in innerprotestantische Verhandlungen als auch in Gespräche auf Reichsebene und sogar in Besprechungen mit ausländischen Gesprächspartnern (Frankreich, England) eingebunden.

Seine Bewertung dieser zahlreichen Bemühungen lässt sich an seiner Widmungsrede der neu überarbeiteten Dialektik von 1547 ablesen: Was inmitten ungelöster Streitfragen und endloser Wortkriege der Kirche gebraucht werde, sei nicht eine Anleitung zum ausgeklügelten Streit um begriffliche Formulierungen, sei nicht geschwätzige, zanksüchtige und blendende Sprache. Vielmehr verlangten die kirchlichen Auseinandersetzungen nach einer wahrheitsliebenden Sprache – und dafür stehe eben die Dialektik. Denn diese, so Melanchthon weiter, sei in der Kirche das Band der Eintracht (*vinculum concordiae*). Die Dialektik vermittle die sprachlichen Regeln, durch die eine klare und stimmige kirchliche Lehre in eindeutiger Sprache formuliert werden könne, da sie einfach, mit rechten Definitionen und ordentlichen Unterscheidungen arbeite.

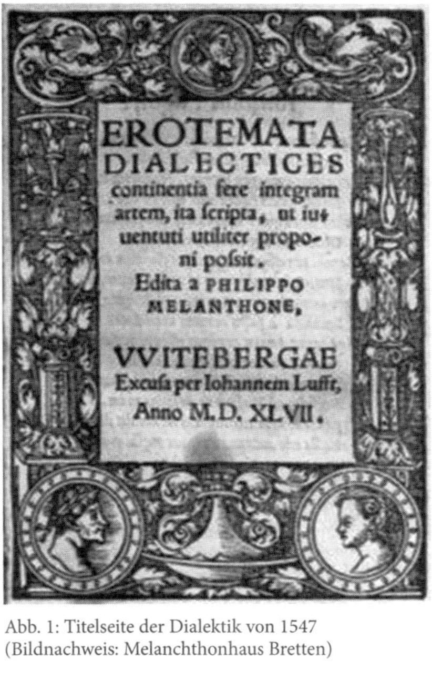
EROTEMATA
DIALECTICES
continentia fere integram
artem, ita ſcripta, ut iu-
uentuti utiliter propo-
ni poſsit.
Edita a PHILIPPO
MELANTHONE,
VVITEBERGAE
Excuſa per Iohannem Lufft,
Anno M.D. XLVII.

Abb. 1: Titelseite der Dialektik von 1547
(Bildnachweis: Melanchthonhaus Bretten)

Melanchthon erklärte damit die Rhetorik nicht für unnütz oder gar überflüssig, wies ihr aber klare Schranken zu. Um die kirchliche Einheit wieder herzustellen, helfe die Rhetorik nicht weiter. Jedoch leiste sie im Bereich der Ethik und Morallehre wichtige Dinge, denn hier gehe es nicht um Klärung, sondern um Unterweisung, Motivation und Überzeugung. Was wir als Menschen zu tun und zu lassen hätten, bedürfe der Fülle des Wortes und der eindringlichen Rede, weil eine rhetorisch geschickte Rede Menschen zum Handeln bewegen könne. In der Wahrheitsfrage und für die kirchliche Eintracht hingegen bedürfe es vornehmlich der Dialektik, die ohne Verschnörkelungen den jeweiligen Sachverhalt klar und deutlich erkläre.

Die Dialektik entwickelte sich also zur Fundamentalwissenschaft, die sowohl die Mittel zur Beurteilung von Begriffen (judikative Analyse) als auch die Methode zur Auffindung zentraler Themen (*inventio*) bot. Die Dialektik, so Melanchthon, vermittle eine Methodenlehre bzw. Erkenntnisgewissheit, die in allen Wissenschaften gleich sei und sich auf drei Kriterien zurückführen lasse: erstens, die allgemeine Erfahrung, zweitens, die natürliche Erkenntnis und schließlich die Kenntnis, die einzelnen Glieder richtig miteinander zu verbinden. Dabei vertrat Melanchthon eine harmonische Synthese von Erfahrung und Vernunft. Waren die drei Kriterien bindend für alle Wissenschaften, kam der Theologie darüber hinaus noch ein weiteres Gewissheitskriterium zu: Im Glauben muss der Mensch der göttlichen Offenbarung, wie sie in den biblischen Schriften bezeugt ist, selbst dann zustimmen, wenn sie vom Urteil der Vernunft abweicht.

Im Vergleich zu seinem Anfang in Wittenberg war Melanchthon nun bei einem anders akzentuierten Sprachverständnis angekommen. Stand am Anfang die Dialektik ganz im Dienste der Rhetorik, lag nun die Dialektik in seinem Hauptinteresse; eine Dialektik, die ganz im Zeichen von Aristoteles stand – auch das wäre in den ersten Jahren nicht denkbar gewesen. Jedoch fast drei Jahrzehnte später nötigten ihn die endlosen Wortgefechte der Theologen dazu, die Bedeutung der logischen Fundamentalwissenschaft neu zu entdecken. Die Absicherung der Theologie war dabei nicht nur in Auseinandersetzung mit römisch-katholischen Theologen notwendig, sondern auch zu einem innerevangelischen und sogar innerlutherischen Thema geworden.

Reform der Sprache

Melanchthons sprachwissenschaftliche Arbeiten könnten auch vergleichend mit anderen humanistischen Reformwerken gelesen und gedeutet werden. Denn Melanchthon war mit der Forderung nach einer Reform der Dialektik und Rhetorik weder der Erste noch stand er allein. Verschiedene Humanisten, insbesondere Rudolph Agricola oder auch Desiderius Erasmus, hatten vor ihm bereits wichtige Reformideen in neuen sprachlichen Kompendien vorgestellt. Grundlegend und ihnen gemeinsam war der Ansatz, anstelle einer abstrakten Logik der Formen, wie sie im Spätmittelalter gelehrt worden war, eine konkrete Dialektik der Argumente zu lehren. Dabei wurde in humanistischen Kreisen die Frage nach der Gewichtung von Dialektik und Rhetorik diskutiert und unterschiedlich beantwortet.

Melanchthon selbst war von Rudolph Agricola geprägt und setzte sich mit den sprachlichen Ideen des Erasmus kritisch auseinander. War er auch mit einem humanistischen Blickwinkel des Sprachstudiums nach Wittenberg gekommen, machte er diese Sprachkompetenz den neuen theologischen und zunehmend auch kirchenpolitischen Anforderungen nutzbar. Ausgehend von der Betonung der Sprachkompetenz für alles öffentliche Leben zeigte er, wie unentbehrlich die sprachlichen Fächer für jegliches Studium, für die reformatorische Theologie und für die reformatorische Schriftauslegung waren. Typisch für Melanchthon ist, dass er seine Werke stets dahingehend aktualisierte.

Angesichts der scharfen theologischen Aristoteleskritik musste Melanchthon dabei lernen, Dialektik und Theologie klar zu trennen und doch keine Seite aufzugeben: Gegen eine Theologie der menschlichen Logik meldete Melanchthon sich deutlich zu Wort, ohne dabei eine antirationale Theologie zu befürworten. Für ihn kann der menschliche Verstand die Verheißungen der Bibel nur verstehen, wenn ihn der Heilige Geist dazu anleitet; aber um den Geist zum Sprechen zu bringen, muss die vernunftgeleitete Auslegung der Schrift – und das heißt nach sprachlichen Regeln – hinzutreten. Das Wirken des Heiligen Geist zusammen mit der wissenschaftlichen Analyse ermöglichen also erst das rechte Verständnis der Heiligen Schrift. In immer neuen Anläufen legte Melanchthon in dieser Zeit die Chancen und Grenzen des Verstandes in der Theologie dar und suchte in der Theologie die Unüberbrückbarkeit zwischen Gottes Offenbarung und menschlicher Logik zu wahren. Dabei stand die Heilige Schrift im Zentrum, wobei dies insbesondere für den Römerbrief als Methode der Theologie galt.

Wirkungsgeschichtlich sind Melanchthons Sprachstudien für die Entwicklung der protestantischen Schriftauslegung bedeutend geworden. Andere Reformatoren beriefen sich auf Melanchthons Methode, wie z. B. Johannes Calvin in seinem Römerbriefkommentar von 1539. Darüber hinaus wurden seine Lehrbücher allein bis zum Beginn des 17. Jahrhunderts in mehr als hundert Ausgaben gedruckt und zählten lange Zeit zur Pflichtlektüre der Schüler und Studenten. Die Wirkungsgeschichte war dabei nicht auf das Reich beschränkt. Melanchthons sprachliche Lehrbücher fanden u. a. in Frankreich, den Niederlanden und England Verbreitung.

Quelle

Melanchthon, Philipp: Elementa rhetorices. Grundbegriffe der Rhetorik, hg. u. übersetzt und kommentiert von Volkhard Wels (Bibliothek seltener Texte in Studienausgaben 7), Berlin 2001

Literatur

Berwald, Olaf: Philipp Melanchthons Sicht der Rhetorik (Gratia. Bamberger Schriften zur Renaissanceforschung 25), Wiesbaden 1994

Frank, Günter: Melanchthons Dialektik und die Geschichte der Logik, in: Leonhardt (Hg.): Melanchthon und das Lehrbuch, S. 125–148

Kuropka, Nicole: Philipp Melanchthon: Wissenschaft und Gesellschaft. Ein Gelehrter im Dienst der Kirche (SuR.NR 21), Tübingen 2002

3

Reform der Theologie: Melanchthons biblische Theologie

»Genauso wenig wie jemand die Schönheit einer Statue und die Ausgewogenheit ihrer Teile beurteilen kann, wenn diese Statue in Einzelteile zerbrochen ist, genauso wird niemand die Absicht eines Schriftstellers erfassen, der nicht sein ganzes Werk kennt. [...] Weil der Brief des Paulus an die Römer von der wichtigsten christlichen Lehre handelt und gleichsam eine Methode ist, die auf die gesamte Schrift angewendet werden kann, reicht es nicht aus, nur den einen oder anderen Vers aus diesem Brief herauszugreifen. Man muss den ganzen Brief lesen und betrachten, wie die einzelnen Kapitel und ihre Untergliederungen sinnvoll zusammenpassen und zusammenstimmen. Man muss nach dem sicheren, dauerhaften und einfachen Sinn der Lehre des Apostels auf die Suche gehen, so dass sich aufmerksame Leser von dieser so wichtigen Lehre instruieren lassen.« (Widmung des Römerbriefkommentars 1529, MBW.T 3, Nr. 767, S. 471)

Die Anfänge in Wittenberg

Im August 1518 kündigte Melanchthon in seiner Antrittsvorlesung den Studenten Veranstaltungen über den griechischen Text des Homer und des biblischen Titusbriefes an. Dieses Vorhaben setzte er sogleich in die Tat um. Für die Arbeit an den griechischen Originalen fehlte jedoch in Wittenberg ein Drucker mit entsprechendem Schriftsatz, so dass die Studenten sich die griechischen Texte anfänglich selbst abschreiben mussten. Melanchthon klagte über diesen Mangel an ordentlichem Arbeitsmaterial sowie über die unnötige Arbeitserschwernis, denn technisch war die Herstellung griechischer Texte möglich. In Leipzig druckte Melchior Lotter d. Ä. (1470–1549) bereits mit griechischen Lettern, aber erst als dieser 1520 eine Filiale in Wittenberg eröffnete, konnte auch Melanchthon seine griechischen Textausgaben vor Ort drucken lassen. Zuvor erschienen einige griechische Editionen in Hagenau bei Thomas Anshelm, dem gelehrten Drucker des Johannes Reuchlin.

Neben den Verpflichtungen als Griechischlehrer kamen auf Melanchthon weitere Aufgaben zu. Der Hebräischdozent Böschenstein verließ Wittenberg nach nur kurzer Zeit. Melanchthon füllte diese Lücke mit einer Veranstaltung über den hebräischen Psalter. Im April 1520 wurde Matthäus Adrianus als neuer Dozent gewonnen, doch auch dieser ging bald aus Wittenberg fort. Wieder sprang Melanchthon für einige Monate ein. Dauerhaft wurde die Hebräischprofessur erst im Sommer 1521 mit Matthäus Aurogallus (1490–1543) besetzt, der diese Stelle bis zu seinem Tod versah. Melanchthon war nun von hebräischen Lehrveranstaltungen befreit. Dem Studium dieser Sprache und der Arbeit am hebräischen Bibeltext blieb Melanchthon jedoch zeitlebens verbunden, wie seine biblischen Kommentare und die Anmerkungen in der von ihm benutzten Hebräischgrammatik bezeugen.

Melanchthon und Luther

Der frisch berufene Griechischprofessor ließ sich schnell in Luthers Theologie und in den Wittenberger Aufbruch involvieren. Bereits im Januar 1519 tauchte in der Vorrede seiner Rhetorik Luther neben Erasmus und Reuchlin als Kämpfer gegen das scholastische Denken auf. Dort lobte er Luther noch auf recht allgemein gehaltene Weise. In der Folge aber studierte er Luthers Auslegungen zur Heiligen Schrift intensiv und beteiligte sich selbst an der Herausgabe von Luthers Psalmenkommentar sowie als Redaktor an der Bearbeitung von Luthers Galaterauslegung. Zu beiden Werken verfasste der Brettener auch Vorworte, die seine Hochachtung gegenüber Luther als Theologen und biblischen Exegeten dokumentieren.

Im Juni 1519 begleitete Melanchthon die beiden Wittenberger Kollegen Karlstadt und Luther zur Disputation mit Johannes Eck (1486–1543) nach Leipzig. Melanchthon ergriff dort nicht selbst das Wort, unterstützte aber Luther, indem er ihm während des Streitgespräches Zettel mit Informationen anreichte. In Leipzig äußerte Luther öffentlich, was in Wittenberg schon länger diskutiert wurde: Konzilien könnten irren und hätten geirrt, außerdem sei allein die Heilige Schrift Glaubensgrundlage eines Christen.

Melanchthon machte sich diese Position zu eigen. Im September wurde er zum *baccalaureus biblicus* promoviert. Fester Bestandteil dieser Prüfung waren Thesen, die er verteidigen musste. Eine dieser Thesen Melanchthons handelte vom Abendmahl und erregte Aufsehen, denn sie stellte die römische Lehre vom Abendmahl in Frage: die Wandlung der Elemente, also Brot und Wein in Leib und Blut Christi (Transsubstantiation), sei biblisch nicht zu begründen. Gegen diese 18. These verfasste Eck einen langen Beschwerdebrief an den Kurfürsten. Doch Melanchthon verteidigte das Schriftprinzip gegen jede menschliche Autorität in der Kirche und gegen jede Anmaßung von Konzilien und Päpsten. Nach dem Urteil Heinz Scheibles positionierte sich Melanchthon spätestens mit diesen Bakkalaureatsthesen eindeutig als reformatorischer Theologe.

Diese Entwicklung Melanchthons befürworteten nicht alle. Seinem früheren Förderer Johannes Reuchlin gefiel diese reformatorische Ausrichtung überhaupt nicht und er versuchte, Melanchthon dem Wittenberger Einfluss zu entziehen, indem er ihn für einen Lehrstuhl in Ingolstadt empfahl. Melanchthon lehnte ab und begründete Reuchlin diesen Entschluss vor allem mit seiner Verpflichtung dem Kurfürsten gegenüber. Damit war der Bruch zwischen den beiden besiegelt, so dass Melanchthon letztlich auch nicht die ihm versprochene Bibliothek Reuchlins erbte, als dieser im Juni 1522 verstarb.

Luther und Melanchthon

Doch nicht nur Melanchthon ließ sich in Luthers Bann ziehen. Auch Luther war schnell von den Fähigkeiten des »kleinen Griechen« – wie er ihn in Briefen nannte – angetan. Diese Wertschätzung zeigte sich an dreierlei: Erstens gefiel ihm Melanchthons Auslegung der Heiligen Schrift und zweitens wollte er ihn für die theologische Fakultät gewinnen. Drittens war Melanchthon derjenige, der für ihn in den Phasen seiner Abwesenheit die angefangene Reform weiterführen konnte – so seine Hoffnung.

Mit dem Bakkalaureat war Melanchthon berechtigt, biblische Vorlesungen zu halten. Er begann mit dem Matthäusevangelium und legte danach den Römerbrief, die Korintherbriefe und das Johannesevangelium aus. Von diesen Veranstaltungen, die sich großen Zulaufs unter den Studenten erfreuten, war Luther begeistert und wollte die Manuskripte veröffentlicht sehen. Nachdem Melanchthon diesem Wunsch trotz häufiger Bitten nicht nachkam, nahm Luther die Sache selbst in die Hand. Ohne Melanchthons Wissen veröffentlichte er dessen Römerbriefkommentar sowie die Korintherbriefkommentare und legitimierte diesen Diebstahl in seiner Widmung an Melanchthon: Er kenne niemanden, der den Apostel Paulus so gut auslege wie Melanchthon. Die Kommentare eines Hieronymus oder Origenes seien damit verglichen nur kindische

Ungereimtheiten, die eine persönliche Meinung präsentierten, nicht aber einen Wegweiser zu Christus böten. Gleichzeitig kündigte Luther an, dass er ebenso mit Melanchthons weiteren Kommentaren verfahren werde, falls dieser sich nicht zur Drucklegung entschließen könne.

Luther schätzte Melanchthon als Lehrer der Heiligen Schrift und hätte ihn auch gerne für die theologische Fakultät als Professor gewonnen. Doch über das biblische Bakkalaureat hinaus erreichte Melanchthon weder weitere akademische Grade noch strebte er diese an, obwohl das problemlos möglich gewesen wäre. Trotz aller Anfragen Luthers und des Kurfürsten wurde Melanchthon nie Pfarrer oder Doktor der Theologie. Sein Wunsch war vielmehr, verstärkt als Griechischprofessor und in Lehrveranstaltungen des Grundstudiums eingesetzt zu werden. Wilhelm Maurer sieht in diesem Entschluss eine Berufskrise und wertet ihn als eine grundsätzliche Absage an die Theologie. Melanchthon selbst begründete seinen Schritt anders. An der Universität herrsche ein Theologenüberschuss und ein Mangel an guten Lehrern im Bereich der *artes liberales*. Außerdem werde auch von den Studenten das so wichtige Grundstudium vernachlässigt. Deshalb sei sein Dienst in diesem Bereich unentbehrlich. Luther gab sich damit nicht zufrieden. Auf sein anhaltendes Drängen arrangierte Kurfürst Johann (reg. 1525–32) schließlich eine geschickte Lösung: Melanchthon wurde zwar nicht auf einen biblischen Lehrstuhl berufen, jedoch erhielt er ab September 1525 eine Gehaltserhöhung, verbunden mit der kurfürstlichen Bitte, biblische Vorlesungen anzubieten, soweit es seine Arbeitslast zulasse. Melanchthons Antwort ist nicht überliefert, aber seine fortgeführten biblischen Lehrangebote belegen seine Zustimmung zu dieser Lösung.

Luthers Wertschätzung und Hochachtung des jungen Kollegen bezogen sich nicht nur auf seine wissenschaftliche Tätigkeit. Mit dem Beginn des kirchlichen Prozesses gegen Luther war dieser gezwungen, Wittenberg wiederholt und auch für längere Zeit zu verlassen. Im Oktober 1518 musste Luther erstmals zum kirchlichen Verhör antreten, das in Augsburg durch Kardinal Cajetan (1469–1534) durchgeführt werden sollte. Luther war gewillt, für die von ihm erkannte Wahrheit mit aller Konsequenz einzustehen und schrieb – unterwegs nach Augsburg – an Melanchthon, dass er lieber sterben würde, als den Reformbemühungen zu entsagen. Er forderte den Kollegen auf, die Jugend weiterhin in der rechten Lehre zu unterweisen und sein Anliegen weiterzuführen, falls er nicht zurückkehren werde. Doch Luther konnte nach dem Verhör heimlich die Stadt Augsburg verlassen und erreichte Ende Oktober unversehrt das vertraute Wittenberg.

Erst zwei Jahre später wurde gegen Luther die Bannandrohung ausgesprochen. Diese offizielle Verurteilung Luthers durch die Kirche ließ ihm noch eine Frist zum Widerruf, ohne den die Bannung erfolgen musste. Er widerrief nicht, woraufhin Melanchthon offiziell mit einem Plakat im Dezember 1520 alle Eiferer für die Wahrheit vor das Wittenberger Elstertor lud:

Zitat

»Wer du auch bist, der du am Studium der evangelischen Wahrheit festhältst, finde dich sogleich gegen neun Uhr an der Kirche zum Heiligen Kreuz außerhalb der Mauern unserer Stadt ein, wo zugunsten der älteren, auch apostolischen Anordnung die gottlosen Bücher der päpstlichen Konstitutionen und der scholastischen Theologie verbrannt werden, da die Frechheit der Feinde des Evangeliums so weit fortgeschritten ist, dass sie die frommen und evangelischen Bücher Luthers verbrannt haben. Mache dich auf, fromme und gelehrte Jugend, komme zu diesem frommen und ehrwürdigen Schauspiel; denn vielleicht ist nun die Zeit gekommen, zu der der Antichrist offenbar gemacht werden muss.« (WA 7, S. 183 zitiert nach Kruse, Universitätstheologie, S. 256)

Dort war der Scheiterhaufen aufgerichtet, jedoch nicht für Luther, sondern für die Bücher von Luthergegnern und des kirchlichen Rechts. Als Luther die Bannandrohungsbulle ins Feuer warf, war der Bruch mit der römischen Kirche auf symbolische Weise inszeniert. Im Januar 1521 wurde Luther exkommuniziert und im April lehnte er auf dem Reichstag in Worms den Widerruf seiner Lehre ab. Von diesem Reichstag kehrte Luther fast ein Jahr lang nicht zurück. Der Kurfürst hielt ihn zu seiner eigenen Sicherheit auf der Wartburg versteckt – den Aufenthaltsort wussten nur wenige, u. a. Melanchthon, der in dieser Zeit zu seinem bevorzugten Briefpartner wurde. In den Monaten auf der Wartburg waren Luthers Wirkungsmöglichkeiten stark beschränkt. Doch er nutzte die Zeit für zahlreiche Publikationen. Dazu gehörte u. a. die deutsche Übersetzung des Neuen Testaments, die Luther auf Melanchthons Ratschlag anfertigte. Luther selbst charakterisierte auf der Wartburg sein Verhältnis zu Melanchthon mit einem biblischen Bild (2. Kön. 2 9ff). Er sah in Melanchthon den Elisa, der ihm, Elias, mit zweifachem Geist folge, weil Melanchthon die Gemeinde und die Universität besser als er selbst versorgen würde. Melanchthon vergaß das nie. Als im Februar 1546 in Wittenberg die

Nachricht eintraf, dass Luther in Eisleben gestorben war, brach er vor seinen Studenten in die Worte aus: »Ach, der Wagenlenker Israels ist gefallen« – der Schrei des Elisas, als er den Propheten Elia zum Himmel fahren sah (2. Kön. 2 12).

Die Neuordnung des kirchlichen Lebens und die sogenannten Wittenberger Unruhen

In Wittenberg ging man allmählich dazu über, die theoretischen Erkenntnisse der Kirchenreform in die Praxis umzusetzen. Das war ganz im Sinne Luthers, der mit Melanchthon darüber in brieflichem Kontakt stand. Zentrale Themen waren dabei die Frage nach der Priesterehe, dem Abendmahl mit Brot und Wein und der Gottesdienstreform. Im Frühsommer 1521 schlossen die ersten Priester öffentlich die Ehe. Im September empfing Melanchthon mit seinen Studenten in der Stadtkirche das Abendmahl in beiderlei Gestalt. War dies auch kein offizieller Gottesdienst, so sieht Jens-Martin Kruse darin dennoch den Auftakt für die Gottesdienstreformen in Wittenberg, die infolge vor allem durch die Augustinermönche und die Studenten vorangetrieben wurden. Bei der Mehrheit des Allerheiligenstifts, des Kurfürsten geistliche Stiftung für Gelehrte zu Ehren der Heiligen, stießen die Neuerungen hingegen auf Widerstand.

Im Dezember bekam Melanchthon Besuch von einem ehemaligen Schüler aus Zwickau, Markus Thomae, der seine beiden Freunde Nikolaus Storch und Thomas Drechsel mitbrachte. Die drei verstanden sich als Propheten und Apostel Gottes. Ihr Hauptanliegen konzentrierte sich auf die Kritik an der Kindertaufe, wobei sie Nikolaus von Amsdorf und Melanchthon darlegten, dass sie sich in ihrer Lehre auf Luther beriefen. Melanchthon hätte diese sog. Zwickauer Propheten gerne durch Luther beurteilt gesehen, doch das konkrete Problem ihres Auftretens löste sich zunächst durch ihre Abreise aus Wittenberg.

Zum Ende des Jahres mehrten sich die Klosteraustritte und die Atmosphäre heizte sich in Wittenberg angesichts zunehmend radikaler Aktionen der Studenten und Bürger auf. Messbücher wurden entwendet, Priester mit Steinen beworfen und von den Altären vertrieben, wenn sie nach römischem Brauch die Messe lesen wollten. Angesichts des beunruhigenden Aufruhrs verbot Kurfürst Friedrich schließlich jegliche weitere Neuerungen, nicht jedoch eine Reform in vernünftigen Bahnen. Karlstadt feierte Weihnachten einen offiziellen Abendmahlsgottesdienst in neuer

Gestalt, so dass alle Brot und Wein ausgeteilt bekamen. Er wurde infolge zum Motor der weiteren Neuerungen, die den Reformforderungen der Gemeinde nachkamen. Als diese dann in der Zerstörung von Bildern in Kirchen und Klöstern (dem sog. Bildersturm) mündeten und in öffentliche Ärgernisse ausarteten, machte der Kurfürst den Theologen Karlstadt für diese Entwicklung verantwortlich.

Obwohl Luther die Notwendigkeit der praktischen Reformen unterstützte, missfiel ihm deren Umsetzung, die er als lieblos, vorschnell und grob beurteilte und verurteilte. Im Frühjahr 1522 kehrte Luther gegen den Willen seines Landesherrn nach Wittenberg zurück und betrat nach einjähriger Unterbrechung wieder die Kanzel der Stadtkirche. In seinen acht Predigten, beginnend am Sonntag Invokavit (daher die sog. Invokavitpredigten), legte Luther seine Stellung zu den Entwicklungen in Wittenberg dar und rief die Wittenberger zur recht verstandenen evangelischen Freiheit und Mäßigung auf. Auch Luther tadelte Karlstadt als Hauptverantwortlichen für diese Entwicklungen.

Die biblische Dogmatik: *Loci communes*

Parallel zu diesen Reformprozessen auf der Gemeindeebene erschien Melanchthons bekanntestes theologisches Werk, die »Loci communes rerum theologicarum«. Die ersten Seiten dieses Buches erhielt Luther noch auf der Wartburg. Von August an erschienen weitere Druckbögen, bis im Dezember die komplette Ausgabe vorlag. In der Forschungsgeschichte wird die Bedeutung dieser Arbeit in unterschiedlicher Weise charakterisiert. Manche sehen in ihr die erste evangelische Dogmatik. Liest man Melanchthon selbst in seinem Vorwort, wird man dieses theologische Werk als einen Leitfaden zum Studium der Schrift beschreiben können.

Zitat

In diesem Büchlein werden »die wichtigsten Hauptpunkte der christlichen Lehre vermittelt, damit die Jugend einsieht, wonach sie in der Schrift hauptsächlich fragen muss […] Ich tue dies nicht, um die Studenten von der Schrift wegzurufen zu manchen dunklen und schwierigen Disputen, sondern um sie, wenn ich kann, zur Schrift einzuladen.« (Loci communes, S. 13 f)

Melanchthon brach mit der scholastischen Tradition, theologische Gesamtkompendien in großem Umfang, wie z. B. die des Petrus Lombardus, zu schreiben. Anstelle dessen trat eine konzentrierte Einführung in die biblische Lehre, die zum rechten Verständnis der Heiligen Schrift führen sollte.

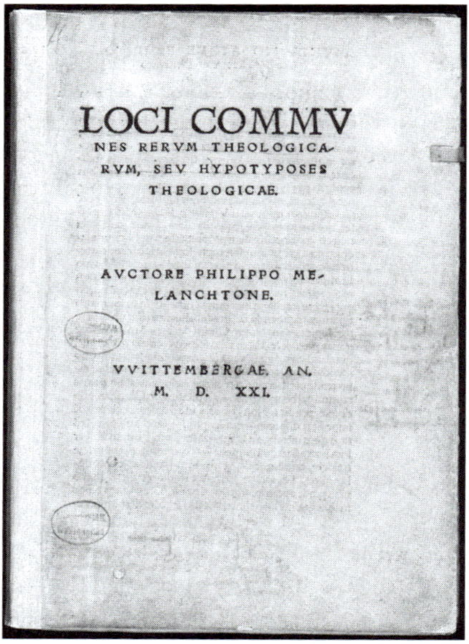

Abb. 2 Titelseite der Erstausgabe »Loci communes 1521«
(Bildnachweis: Stiftung Luthergedenkstätten Sachsen-Anhalt)

Was sind nun *loci communes*? Der aus der Dialektik und Rhetorik stammende Begriff erregte insbesondere unter den Humanisten Interesse. Melanchthon selbst zählte dabei Rudolph Agricola und Desiderius Erasmus zu seinen Vorbildern, anhand derer er sein Verständnis der *loci* weiterentwickelte. Erasmus fasste unter *loci* Begriffe oder Schlagwörter zur Ordnung und Systematisierung bestimmter Stoffe, damit die Inhalte leichter gelernt und abgerufen werden können. Bis zu 300 solcher Schlagwörter sollte man sich nach seinem eigenen Bedarf zurechtlegen.

In seiner ersten Rhetorik von 1519 gab Melanchthon den Studenten einen ähnlichen Ratschlag. Doch in den nächsten Jahren veränderte er seine Interpretation dieser Schlagwörter hin zu einem quellenorientierten Ordnungsbegriff und konzipierte diesen speziell für die Bedürfnisse der reformatorischen Theologie. Melanchthon forderte, die theologischen Hauptbegriffe müssten nicht erfunden, sondern aus der Heiligen Schrift selbst abgeleitet werden. Als grundlegendes Ordnungsprinzip benannte Melanchthon dabei die *loci* des Römerbriefes, da an dessen Hauptthemen – Gesetz, Sünde und Gnade – die ganze Erkenntnis Christi hänge. Darüber hinaus behandelte Melanchthon noch weitere *loci* wie etwa die menschlichen Fähigkeiten, das Evangelium, die Rechtfertigung oder die Obrigkeit. Themen wie die Gotteslehre oder die Dreieinigkeit sucht man in dieser Auflage vergebens.

Wie kaum ein anderes Werk unterzog Melanchthon seine »Loci communes« einem stetigen Überarbeitungsprozess. Bereits im darauffolgenden Jahr erschien eine neue Auflage. Um die Vielzahl der Überarbeitungen sinnvoll einteilen zu können, werden in der Forschung die verschiedenen Versionen meist drei Zeitabschnitten (*aetas*) zugeordnet. Jede dieser Zeitperioden umfasst dabei mehrere Auflagen, die gewisse Veränderungen beinhalten, jedoch keine vollständige Neubearbeitung darstellen. Der ersten Phase (*prima aetas*) liegt die Fassung von 1521 zugrunde, die zweite (*secunda aetas*) beginnt mit der Neuausgabe von 1535, gefolgt von der dritten (*tertia aetas*), die ihren Anfang mit der Neubearbeitung von 1543/44 nimmt und in der Letztausgabe von 1559 endet. Auch der Name seines theologischen Hauptwerkes veränderte sich. Später betitelte Melanchthon das Werk mit »Loci praecipui theologici«. In der modernen Forschung gilt – zu Unrecht – nur der Erstausgabe von 1521 bleibendes Interesse. Die späteren Ausgaben hingegen werden kaum oder nur unter einem bestimmten Blickwinkel (z. B. zur Frage des Willens oder des Gebets) bearbeitet.

Die lateinischen Fassungen erfreuten sich schnell europaweit großer Verbreitung. Zudem hatte Georg Spalatin (1484–1545) bereits 1522 eine erste Übersetzung ins Deutsche angefertigt, die allerdings aufgrund der fränkischen Sprachfärbung nicht Melanchthons Zustimmung fand. Justus Jonas (1493–1555) übernahm sodann diese Aufgabe für die weiteren Versionen. Allerdings handelte es sich hierbei nicht um eine wortwörtliche Übersetzung, sondern um eine freie Übertragung in die deutsche Sprache. Melanchthon selbst machte sich erst 1553 an eine eigene Übersetzung, die heute auch als moderne Edition zugänglich ist. Darüber hinaus wurden die *Loci* zu Melanchthons Lebzeiten noch in weitere Sprachen übersetzt, u. a. ins Italienische, Französische, Kroatische, Slowenische und Niederdeutsche.

Der Exeget Melanchthon

Von Luthers Wertschätzung Melanchthons Schriftauslegung gegenüber und seines daraus resultierenden Manuskriptdiebstahls war bereits die Rede. Melanchthon war derart anerkannt, dass neben Luther noch andere dessen Vorlesungsmanuskripte unerlaubt veröffentlichten; mit dem Ergebnis, dass bis 1527 keine biblische Auslegung mit der Zustimmung Melanchthons auf den Markt kam. Mit dem Kolosserkommentar trat Melanchthon erstmals diesem Umstand entgegen und begründete diesen Schritt in seinem Vorwort: Aus Angst vor weiteren Diebstählen und Fremdveröffentlichungen bringe er dieses Buch selbst in den Druck. Im Laufe seines Lebens veröffentlichte er noch zu vielen biblischen Büchern zahlreiche Kommentare. Dieses große Oeuvre ist erst in jüngerer Zeit Gegenstand wissenschaftlicher Untersuchungen geworden, so dass nach wie vor viele seiner biblischen Arbeiten inhaltlich wenig bekannt sind. Das mag auch darin begründet liegen, dass eine Übersicht über das gesamte Werk dadurch erschwert wird, dass Melanchthon die meisten seiner Bücher nicht nur einmal veröffentlichte, sondern einem mehrfachen Überarbeitungsprozess mit zahlreichen Auflagen unterzog. Außerdem sind viele seiner Schriften nicht in Form von modernen Editionen zugänglich, sondern müssen in den Originalen des 16. Jahrhunderts gelesen werden. Moderne deutsche Übersetzungen seiner Schriftauslegungen gibt es bisher nicht.

Ist Melanchthons Schriftauslegung heute eher unbekannt, entspricht dies nicht ihrer historischen Bedeutung. Melanchthon brachte wichtige exegetische Impulse für die Auslegung der Heiligen Schrift in die Wittenberger Bewegung ein. Dabei sind nicht nur seine Kenntnisse der biblischen Ursprachen (Hebräisch und Griechisch) zu nennen, sondern auch die Umsetzung seiner sprachtheoretischen Erkenntnisse auf eine reformatorische Theologie, die sich allein auf die Schrift berief. Wichtigstes methodisches Werkzeug der Exegese war nicht nur die Heilige Schrift in ihrem sprachlichen Original, sondern auch die Dialektik und Rhetorik, die als Sprachwissenschaften den Schlüssel zur Auslegung bereitstellten. Gottes Wort sei, so betonte Melanchthon, dem Menschen in sprachlicher Form überliefert und so müsse der Mensch sich die Regeln der Sprache zu eigen machen, um die Bibel recht zu verstehen. Weder sei nach vier Sinnebenen zu suchen noch die Bibel in einzelne Sätze zu zerreißen. Hingegen müssten die biblischen Bücher jeweils als eigene Einheit verstanden und sprachlichen Regeln entsprechend entschlüsselt sowie ausgelegt werden. Auf diese Weise wollte Melanchthon eine sachgerechte Schriftauslegung, basierend auf dem wörtlichen Sinn, wissenschaftlich absichern und die Forderung nach einer Theologie allein aus der Schrift theoretisch fundiert sehen. Eindrücklich belegt dies seine dialektisch-rhetorische Exegese des Römerbriefes. Melanchthon entschlüsselte den paulinischen Brief nach den Regeln der antiken Rhetorik und erbrachte so den wissenschaftlichen Nachweis, dass die Rechtfertigungslehre den zentralen Gedanken dieses Briefes darstellte.

Doch nicht nur sprachtheoretisch war Melanchthon an einer methodisch gesicherten Schriftauslegung interessiert. Er forderte auch historische Genauigkeit und war daher bemüht, die biblischen Orte geographisch korrekt zu lokalisieren, wie er auch die geschichtlichen Erzählungen der Bibel an den damals vorhandenen historischen Kenntnissen überprüfte. Weitere Hilfsmittel zur Auslegung boten die Kirchenväter. Obwohl sich die Verfechter der reformatorischen Theologie ihr Schriftverständnis weder durch Tradition noch durch kirchliche Dogmen vorschreiben lassen wollten, war ihnen dennoch wichtig, dass die protestantische Lehre nicht im Widerspruch zu den gelehrten Kirchenvätern stand. Diese wurden jedoch an der Heiligen Schrift kritisch überprüft. Melanchthon war ein ausgewiesener Kenner der altkirchlichen Quellen. Aurelius Augustinus schätzte er – wie auch Luther – aufgrund seiner biblischen Lehre von Sünde und Gnade sehr, während er Origenes und seine allegorische Schriftauslegung scharf kritisierte.

Überschaut man die Gesamtheit der biblisch-exegetischen Schriften Melanchthons, so fällt auf, dass sein Hauptaugenmerk zeit seines Lebens drei biblischen Büchern galt: den Sprüchen Salomos (Proverbien), dem Römer- und dem Kolosserbrief. Zu diesen drei verfasste Melanchthon über die Jahre immer wieder neue Kommentare in veränderter Gestalt. Diese Bemühungen um Neuauflagen sind im Kontext der kirchenpolitischen Entwicklungen und der aktuellen Fragen der jeweiligen Entstehungszeit zu verstehen und zu deuten. Schriftauslegung war für Melanchthon nicht die Suche nach einer abstrakten Wahrheit fern jeglicher Realität, sondern methodisch gesicherte Auslegungsarbeit, welche die Menschen in ihren aktuellen Sorgen, Nöten und auch Fehltritten mit Trost, Zuspruch und Kritik erreichen will. Dabei kannte Melanchthon auch Gegner, die er nicht immer namentlich benannte, aber seine zwischen den Zeilen formulierte Kritik wird den Zeitgenossen deutlich gewesen sein. Hinweise auf die Themen, die Melanchthon bewegten, geben oftmals die Widmungen, in denen er Bischöfen, Fürsten oder Königen sein Anliegen und Vorhaben erklärte.

Der Proverbienkommentar: Die Notwendigkeit einer christlichen Ethik

Bereits 1518 kündigte Melanchthon an, eine dreisprachige Ausgabe der Sprüche Salomos zu veröffentlichen. Die Edition in hebräischer, griechischer und lateinischer Sprache blieb ein Projekt, das nie in die Tat umgesetzt wurde. Melanchthons erste Proverbienvorlesung fand 1524 statt. Der Drucker Johann Setzer brachte sie kurz darauf unerlaubterweise auf den Markt. Die Ausgabe war voller Fehler und Melanchthons Ärger darüber so groß, dass er Setzer nötigte, unverzüglich ein neues, verbessertes Exemplar mitsamt einer persönlichen Entschuldigung zu veröffentlichen.

Eine neue, autorisierte Ausgabe erschien 1529. Dabei handelte es sich über weite Strecken nicht um eine Auslegung im engeren Sinne, sondern um eine eigene Übersetzung und somit um eine sprachlich korrekte lateinische Textausgabe jener Spruchweisheiten, die gemäß den Kenntnissen der Zeit der weise König Salomo dem Volke Gottes für die Zukunft mitgegeben hatte. Thema dieses biblischen Buches war Melanchthons Ansicht nach also die sittliche und religiöse Besserung der Menschen und somit für die Kirche hochaktuell. Nur kurze Zeit vorher war er durch zahlreiche kursächsische Gemeinden gereist, um sich im Auftrag des Kurfürsten ein Bild über die kirchlichen Verhältnisse vor Ort zu machen (sog. Visitationen). Die Zustände erschütterten Melanchthon, da sowohl die christliche Grundbildung der Gemeindeglieder als auch die theologische Kompetenz der Pfarrer große Mängel aufwiesen. Ebenso entsprachen der Lebensalltag und die Gottesdienstgepflogenheiten nicht dem evangelischen Ideal. Um diese Mängel zügig zu beheben, waren die Visitationsartikel als Handreichung für Pfarrer und Gemeinden verfasst worden. Den Theologiestudenten präsentierte Melanchthon mit der Auslegung der Sprüche eine christliche Ethik, die im Unterschied zur philosophischen Morallehre über die bürgerlichen Tugenden hinaus von Gottes Willen, Gottesfurcht und Gotteserkenntnis handelten. Den Kommentar gliederte Melanchthon in drei Teile und berief sich diesbezüglich auf Salomo, welcher nach einer kurzen Einleitung (Prov. 1–2) die Zehn Gebote (Prov. 3–9) wiederholt und zum Abschluss allgemeine Weisheiten (Prov. 10–31) behandelt habe.

Gut zwanzig Jahre später druckte Melanchthon einen neuen, umfangreicheren Kommentar, der 1555 nochmals überarbeitet wurde. Auf eine eigene lateinische Textausgabe verzichtete Melanchthon diesmal. Er wünschte sich jedoch, dass Andreas Osiander (1496–1552), der Reformator Nürnbergs und seit 1549 Prediger und Professor in Königsberg, diese schwierige Aufgabe übernehmen würde. Ebenso nahm er Abstand davon, die Proverbien formal mittels der Zehn Gebote zu strukturieren und jeden einzelnen Spruch einem Gebot zuzuordnen. Inhaltlich betonte er, dass der Dekalog die Zusammenfassung der Tugendlehre sei: Die Spruchsammlungen von Philosophen behandelten immer nur politische, ethische und ökonomische Themen, die Sammlung Salomos entfalte darüber hinaus aber auch die Beziehung zwischen Gott und Mensch. Daher seien die Proverbien als Auslegung der beiden Tafeln des Dekalogs zu verstehen, der für alle Menschen über alle Zeiten hinweg die Tugendlehre zusammenfasse.

Der Kolosserkommentar: Glaube und Werke

Der erste biblische Kommentar, den Melanchthon selbst herausgab, war der Kolosserkommentar von 1527. Die Auslegung eröffnete Melanchthon mit einer allgemeinen methodischen Erklärung: Er wolle nicht willkürlich einzelne Verse herausgreifen, sondern durch die Analyse des Gesamtaufbaus die zentralen Aussagen des Briefes erfassen, der für ihn noch unbezweifelt der Feder des Apostels Paulus entstammte. Den Unterschied zwischen christlicher und menschlicher Gerechtigkeit (Kol. 2 16–4 6) sowie die Darstellung der Sittenlehre (Kol. 1 12–2 15) bestimmte Melanchthon als Hauptziele des Kolosserbriefes. In seiner Widmung verdeutlichte er die kirchenpolitische Dimension seiner Arbeit: Die theologische Verantwortung nötige ihn dazu, auf aktuelle Streitfragen einzugehen. Um aber die Einheit der Kirche nicht durch persönliche Selbstgefälligkeit zu gefährden, sei den theologischen Gegnern verantwortlich und mit Sachkompetenz entgegenzutreten. Denn, so Melanchthon weiter, in der Kirche werde zu häufig aus rein persönlichen Motiven und nicht aufgrund sachlicher Differenz gestritten. Die anvisierten Kontrahenten nannte Melanchthon nicht, aber wie Timothy J. Wengert zeigt, zielt die Auslegung auf zwei Schwerpunkte: erstens auf das Gesetz Gottes und die Buße des Menschen und zweitens auf das Problem der Freiheit und Gebundenheit des menschlichen Willens angesichts der bekannten Auseinandersetzung Luthers mit Erasmus. Bezüglich der Bußfrage hatte Melanchthon den Wittenberger Kollegen Johann Agricola (1494–1566) im Visier, der das Gesetz Gottes als unwichtig, ja sogar hinderlich für die Buße der Menschen erachtete. Nach Agricola treibe Gottes Liebe zur Buße, während die Furcht vor dem Gesetz nicht durch christliche Prediger, sondern durch

Politiker eingefordert werden solle. Die Alternative Liebe oder Gesetz war für Melanchthon jedoch unerträglich.

In Magdeburg erschien noch im selben Jahr eine wortgetreue deutsche Übersetzung. Separat wurde auch der ausführliche Exkurs zu Kol. 2,8 über das Verhältnis von Theologie und Philosophie veröffentlicht. Darin zeigte Melanchthon auf, wie die Vernunftseinsicht und die göttliche Offenbarung auseinanderzuhalten und zu unterscheiden seien, ohne dass dabei die christliche Religion zu tiefster Unwissenheit verurteilt würde.

Zitat

»Sofern Philosophie Wissenschaft von der Sprache, der Natur und von den Sitten ist, behauptet und lehrt sie nur das von natürlichen und gesellschaftlichen Vorgängen, was sie mit sicheren Gründen begreift. Sie ist eine echte und gute Schöpfung Gottes, nämlich das vernünftige Urteilsvermögen, welches Gott dem Menschen in bezug auf Natur- und Sozialphänomene gegeben hat.« (Glaube und Bildung, S. 35)

Wer die Verachtung dieser Wissenschaften als Zeichen von Frömmigkeit ausgebe, sei ein krimineller Windbeutel, der wie ein Dieb und Wegelagerer vom Staat bestraft werden müsse. Maße sich dagegen die Vernunft an, über Glaubensartikel wie den göttlichen Willen zu philosophieren, dann handele es sich um nichtige Träume und Spinnereien. Die Gläubigen, so Melanchthon, würden in diesen Fragen stattdessen Trost und Unterweisung in der Bibel suchen. Bereits 1528 erschien eine überarbeitete und fast doppelt so umfangreiche Auslegung des Kolosserbriefes in Wittenberg, die im Grundbestand gleich geblieben war. Jedoch wurden die Passagen über den freien Willen, die Möglichkeiten des menschlichen Verstandes sowie die Passagen über die Buße erheblich erweitert.

Dieser Kommentar genügte nicht lange Melanchthons Vorstellungen. 1534 veröffentlichte er eine neue Ausgabe, die seinem weiter entwickelten Verständnis von Glaube, Werk und Gesetz Rechnung trug. Melanchthon suchte einen Weg, von der Unerlässlichkeit der guten Werke zu reden, ohne dass die Werke selbst für die Rechtfertigung notwendig wurden. Mit diesem Balanceakt wollte er sich von zwei Positionen abgrenzen: Erstens erhoben römische Theologen den Vorwurf, der Grundsatz der protestantischen Rechtfertigungslehre stelle den Menschen eine Lizenz zur Sünde (*licentia peccandi*) aus. Dagegen betonte Melanchthon, dass auch für den Menschen, der ohne sein Zutun von Gott gerecht gesprochen werde, die Vollendung guter Werke trotzdem weiterhin obligatorisch bliebe. In diesem Zusammenhang sprach er auch vom dreifachen Nutzen des Gesetzes: Zum einen habe Gott den Menschen das Gesetz gegeben, damit die Leidenschaft gezügelt und ein gutes Zusammenleben ermöglicht werde. Zum anderen löse das Gesetz bei den Gläubigen die Furcht aus, nie alle göttlichen Regeln in vollkommener Weise zu erfüllen und somit Gott nie zufrieden stellen zu können. Zu diesen beiden Aspekten trat nun als Drittes die Erfüllung der geforderten Regeln für die gerechtfertigten und gläubigen Menschen. Neben der Abwehr des römischen Vorwurfs richtete sich dieser Kommentar zweitens gegen die Vorstellungen von der Rechtfertigung, wie sie der schwäbische Reformator Johannes Brenz vertrat.

Weiterhin fanden durch Melanchthon Lehrveranstaltungen zum Kolosserbrief statt. Zum letzten Mal las er 1556 über dieses biblische Buch, der dazugehörige Kommentar lag 1559 veröffentlicht vor. In seiner Widmung betonte er die Bedrohungen, denen die wahre und von Gott zusammengerufene Kirche ausgesetzt sei. Ihr entgegen stünden zahlreiche Feinde, von denen einige gottlos, andere Bilderverehrer und wieder andere fanatische Anhänger falscher Lehren seien. Die Täufer sowie Kaspar von Schwenkfeld (1489–1561) ereilte dabei das Urteil, unter dem Vorwand der Religion blindwütige Gesellschaftsaufrührer zu sein. Namentlich wird auch Friedrich Staphylus (1512–64) genannt, ursprünglich evangelischer Theologe und Melanchthonschüler, der jedoch zur römischen Kirche zurückkehrte. Sein Hauptargument gegen die Rechtgläubigkeit der reformatorischen Theologie bestand in der Uneinigkeit des lutherischen Lagers – dort wisse man offensichtlich selbst nicht, was nun Inhalt des Glaubens sei und was nicht.

Anhand dieses Kommentars wollte Melanchthon die Einigkeit und den wahren Glauben der evangelischen Kirche belegen, er setzte sich jedoch auch mit Positionen aus dem eigenen Lager auseinander, namentlich mit Andreas Osiander und dessen Rechtfertigungslehre. Dieser Kommentar verärgerte Johannes Brenz derartig, dass er im Namen des Herzogs von Württemberg ein Kritikschreiben veröffentlichte.

Der Römerbrief: Die biblische Methodenlehre

Über den Römerbrief las Melanchthon regelmäßig an der Universität. Mindestens fünf verschiedene veröffentlichte Kommentare zu diesem

Brief liegen vor. Im Laufe der Zeit wuchs diese Auslegung zum ausführlichsten und längsten biblischen Kommentar. Als Erstes erschien 1522 eine durch Luther fremd veröffentlichte Römerbriefvorlesung. Von dieser Auslegung grenzte Melanchthon sich noch Jahre später ab und erkannte sie nicht als sein eigenes Werk an.

Seine im Sommer 1528 begonnene Lehrveranstaltung zu diesem Thema musste Melanchthon immer wieder unterbrechen. Die wieder aufgenommenen Visitationen der Gemeinden und die Reise zum Speyerer Reichstag (1529) ließen diese Veranstaltung bis in den Sommer 1529 andauern. Zwei Kommentare wurden in dieser Zeit veröffentlicht.

Zum einen erschien 1529 eine unvollständig anmutende Auslegung bis Röm. 5 11. Die Widmung und die politischen Rahmenbedingungen sprechen jedoch dafür, dass Melanchthon bewusst ein unvollendetes Werk in den Druck gab. Er deutete schon diese ersten fünf Kapitel rhetorisch als eigenständigen Brief, der alle notwendigen Elemente enthalte: eine Einleitung (Röm. 1 1–17), einen Hauptteil über die Gerechtigkeit allein aus Glauben (Röm. 1 18–4 25) und ein Schlusswort (Röm. 5 1–11). In seiner Exegese zielte Melanchthon vor allem darauf, den Lesern die dialektisch-rhetorische Konzeption des paulinischen Briefes zu veranschaulichen. Er widmete den Brief einem bekannten Humanisten, dem Grafen Hermann von Neuenahr († 1531), der in Übereinstimmung mit Melanchthon eine Reform der Sprache vertreten hatte. Zwischen den Zeilen wird deutlich, was Melanchthon erreichen will: Wer den Römerbrief rhetorisch analysiert, stößt unausweichlich auf die Rechtfertigungslehre als zentrales Thema. Ein wissenschaftlich geschulter Gelehrter wie Hermann müsste also mit Melanchthon anerkennen, dass die reformatorische Theologie den modernen wissenschaftlichen Spracherkenntnissen entspricht. Letztlich wird er sich erhofft haben, diesen Humanisten theologisch zu überzeugen und ihn für die protestantische Seite zu gewinnen.

Nach der Rückkehr vom Speyerer Reichstag führte Melanchthon seine Vorlesung über den Römerbrief an der Universität fort. Der komplette Kommentar erschien 1530 und entspricht im ersten Teil, abgesehen von einigen Überarbeitungen, der Vorjahrsausgabe. Insgesamt blieb Melanchthon in der Auslegung eher sparsam mit theologischen Erklärungen, er konzentrierte sich vielmehr auf die Erläuterung der rhetorischen Komposition des Briefes. Der Römerbrief, so unterstrich Melanchthon, liefere rhetorisch gelesen alle zentralen *loci* der Wittenberger Theologie. Daher würdigte er den Römerbrief als eine vollständige Methodenlehre (*methodus*) der protestantischen Theologie. Die Auslegung ist also eine Spezialarbeit zur methodischen Anwendung der Rhetorik.

Bereits zwei Jahre später erschien ein neuer Römerbriefkommentar von Melanchthon. Der ursprünglich kleine Kommentar war nun auf 240 Blatt angewachsen. Mit dem Umfang veränderte sich auch der Charakter dieser Auslegung grundlegend. Nun stand weniger im Blickpunkt, den Lesern die paulinische Briefrhetorik zu erklären, sondern vielmehr eine inhaltliche Auslegung des Römerbriefes. Dabei stellte Melanchthon der Einzelexegese nicht nur eine Widmung, sondern auch eine ausführliche systematische Zusammenfassung der theologischen Hauptgedanken, vor allem der Rechtfertigungslehre, voran. Melanchthon unterbrach die Auslegung der einzelnen Verse durch zahlreiche Exkurse, in denen er Irrlehren widerlegte oder theologisch relevante Themen ausführlicher erklärte. Im Blick hatte er dabei sowohl die Auseinandersetzung im eigenen Lager, wie mit Johannes Brenz, oder auch mit dem römischen Lager, hier vor allem mit Johannes Eck, Johannes Cochläus (1479–1552) oder Georg Witzel (1501–73). Sowohl hinsichtlich der Komposition als auch aufgrund der inhaltlichen Gewichtungen ist offensichtlich, dass dieser Kommentar den Entwicklungen auf und nach dem Augsburger Reichstag von 1530 Rechnung trägt: Eine Einigung zwischen den Lagern war nicht erzielt worden, so dass für Melanchthon eine ausführliche schrifttheologische Begründung der protestantischen Position notwendig geworden war. Der Römerbrief als theologische Methodenlehre war dafür das am besten geeignete biblische Buch. Melanchthon widmete diesen Kommentar dem Erzbischof Albrecht von Mainz, welchem er die ernsthafte Suche nach der wahren und rechten Theologie nahelegte. Der Aufruf ging ins Leere, wie Melanchthon in der überarbeiteten Fassung von 1540 feststellte. Entsprechend versah er diesen Kommentar mit einer neuen Widmung an den Landgrafen Philipp von Hessen. Melanchthon verfasste diese Neuauflage des Kommentars im Vorfeld von und in Vorbereitung auf die anstehenden Religionsgespräche in Worms und Regensburg.

In den fünfziger Jahren setzte Melanchthon sich ein letztes Mal an die Abfassung eines neuen Römerbriefkommentars, der 1556 erschien. Ähnlich wie in dem letzten Kolosserkommentar betonte Melanchthon den Aspekt der wahren Kirche. Leider, so sein Urteil, sei aber gerade der Römerbrief fehlerhaft, verfälscht und entstellt ausgelegt worden. Melanchthon zog die Linie der Schriftverdreher von Origenes über Thomas von Aquin bis zu den zeitgenössischen Auslegungen durch Staphylus oder Osiander. In einer von Ungläubigen und Abergläubigen bedrohten Kirche biete der Römerbrief alle theologischen Eckpunkte der Rechtgläubigkeit, durch welche die kirchliche Einheit gefestigt werden könne.

Allein die Schrift

Die Erforschung von Melanchthons biblischen Kommentaren ist noch lange nicht abgeschlossen, da viele seiner Werke nur in Ansätzen erschlossen und theologisch verortet sind. Liegen für die frühen, fremdveröffentlichten Kommentare und für seine Werke aus den zwanziger und dreißiger Jahren bereits einige Studien vor, besteht gerade bei den Kommentaren nach Luthers Tod noch großer Forschungsbedarf.

Wenn die Entwicklungslinien also nur grob umrissen werden können, so dürfte die Bedeutung von Melanchthons Schriftauslegung außer Frage stehen. Obwohl er keinen biblischen Lehrstuhl qua Amt an der Universität innehatte, legte er über vier Jahrzehnte den Theologiestudenten die zentralen biblischen Schriften – vor allem den Römerbrief – aus. Luther berichtete bereits in den ersten Jahren von 500 Zuhörern bei Melanchthons Veranstaltungen. 1556 schrieb Johannes a Lasco (1499–1560) an Calvin, Melanchthon habe mindestens 1500 Zuhörer in seinen biblischen Vorlesungen. Das sind für damalige Verhältnisse – und sogar für heutige – unerhörte Mengen, die Melanchthon zuströmten. Über die Grenzen des Hörsaals hinweg wurden seine Kommentare an unzähligen Orten nachgedruckt und gelesen. Von vielen Reformatoren wie Heinrich Bullinger (1504–75) oder Johannes Calvin ist bekannt, dass sie intensiv Melanchthons Römerbriefkommentare studierten. Seine Breitenwirkung in Wort und Schrift kann daher nur schwer überschätzt werden. »Lehrer Deutschlands« wird Melanchthon genannt, als »Lehrer der Reformation« ist er ebenfalls zu ehren. Melanchthon selbst war es zeitlebens wichtig, dass seine Veröffentlichungen keinem Selbstzweck dienen sollten, sondern als Hinführung zur und Verständnishilfe der Heiligen Schrift gedacht waren. Denn für ihn stellte allein die Heilige Schrift Grundlage des Glaubens und Leitfaden des Handelns dar. Dabei verstand er das Bibelstudium als wahren Gottesdienst – wenn Gottes Wort gekannt, geliebt sowie gedeutet und für die Fragen des alltäglichen Lebens wie für die kirchenpolitischen Beratungen herangezogen wurde.

Quellen

Melanchthon, Philipp: Loci communes 1521, Lateinisch – Deutsch, übers. von Horst Georg Pöhlmann, ^{2}1997

Melanchthon, Philipp: Heubtartikel Christlicher Lere. Melanchthons deutsche Fassung seiner Loci theologici nach dem Autograph und dem Originaldruck von 1553, hg. v. Ralf Jenett / Johannes Schilling, Leipzig 2002

Literatur

Wengert, Timothy: The Biblical Commentaries of Philip Melanchthon, in: ders. (Hg.): Melanchthon and the Commentary, S. 106–148

Wengert, Timothy J.: Human Freedom, Christian Righteousness. Philip Melanchthon's Exegetical Dispute with Erasmus of Rotterdam (Oxford Studies in Historical Theology), New York u. a. 1998

Kuropka, Nicole: Philipp Melanchthon: Wissenschaft und Gesellschaft. Ein Gelehrter im Dienst der Kirche (SuR.NR 21), Tübingen 2002

Schwöbel, Christoph: Melanchthons ›Loci communes‹ von 1521. Die erste evangelische Dogmatik, in: Schilling (Hg.): Melanchthons bleibende Bedeutung, S. 57–82

4

Reform der Bildung: Melanchthons Pädagogik

»Bei uns lebte ein Dummkopf, der gewöhnlich Holz in die Küche trug. Er riss immer aus den untersten Haufen die Stücke heraus, die nicht ohne große Anstrengung zu bewegen waren. Als man ihn fragte, warum er dies so handhabe, antwortete er, er wolle den schwierigsten Teil der Arbeit zuerst erledigen. Es leuchtete ihm nicht ein, dass die obersten Hölzer leichter zu bewegen waren und wie sehr es darauf ankam, die einzelnen Stücke der Reihe nach wegzunehmen. Ihm scheinen mir all die zu gleichen, die, weil ihnen die sprachlichen Fächer lästig sind, gleich nach Höherem streben. Denn dadurch wird insgesamt die Lernarbeit vermehrt. Alles kostet sie mehr Mühe, weil ihnen in den Grundlagen der Schliff fehlt.« (Lob der Beredsamkeit, 1523, zitiert nach Glaube und Bildung, S. 179)

Lehrer Deutschlands

Ganz im humanistischen Sinne betonte Melanchthon die pädagogische Verantwortung Kindern, Jugendlichen und jungen Erwachsenen gegenüber. Jedoch kämen die wenigen herkömmlichen Schulen, wie die meisten Universitäten auch, ihren Bildungsaufgaben kaum nach, was sich seiner Ansicht zufolge an moralischen Schwächen und Wissensdefiziten der Jugend zeige. Dem Bildungsnotstand mit wirkungsvollen Mitteln entgegenzutreten stellte für Melanchthon eine Aufgabe dar, der er lebenslang nachkam. Noch im 16. Jahrhundert wurde ihm deswegen der Ehrentitel »Lehrer Deutschlands« (*praeceptor Germaniae*) zugesprochen.

Eine zusammenhängende, systematische Abhandlung über Bildung, Erziehung, Religion und Unterricht ist von ihm nicht überliefert. Seinen pädagogischen Ruf verdankt er hingegen vielen einzelnen Schriften, die sich mit sehr unterschiedlichen Aspekten von Erziehung und Bildung beschäftigen. Im Laufe seines Lebens schrieb er zahlreiche programmatische

Reden und Gutachten zur Schul- und Universitätsreform. Außerdem verfasste er eine große Anzahl an Lehrbüchern und veröffentlichte Lehrmaterialien für das Erlernen der Sprache, angefangen beim Lesenlernen über die Grammatik und Rhetorik bis hin zum fremdsprachlichen Unterricht. Über den engeren Bereich der Sprachwissenschaften hinaus schrieb er Lehrbücher zur Physik, Darstellungen über die menschliche Psyche sowie ethische Kompendien. Wichtiger Leitgedanke all seiner Lehrbücher war die kompakte, lebensnahe und schülerorientierte Vermittlung des enzyklopädischen Wissens.

Verband Melanchthon also zum einen theoretisches Wissen und Praxisorientierung methodisch in seinen Lehrbüchern, zeigte sich zum anderen der Zusammenhang von pädagogischer Theorie und Praxis an seiner (organisatorischen) Beteiligung bei der Umsetzung erzieherischer Aufgaben. Neben seiner Privatschule sind seine Bemühungen um ein verbessertes Bildungssystem mit modernen (Hoch-) Schulen zu nennen. Schulordnungen und Schulgründungen geben davon bleibendes Zeugnis. Darüber hinaus wandten sich Städte und Fürsten an Melanchthon, wenn sie Empfehlungen für geeignetes Lehrpersonal brauchten. Schülern und Studenten galt es als Auszeichnung, wenn sie Empfehlungsschreiben vom *Praeceptor* aus Wittenberg vorweisen konnten.

Privatschule

Vermutlich nur kurz nach seinem Wechsel nach Wittenberg eröffnete Melanchthon seine Privatschule. Diese verfügte allerdings über keine feste Organisation, sondern ist eher als »bunt zusammengesetzte Wohngemeinschaft« (Wilhelm Maurer) zu verstehen. Das Zusammenleben von Lehrern und Schülern hatte Melanchthon selbst als Kind während seiner Zeit in Pforzheim und Heidelberg erlebt. Dieses Konzept baute er nun aus: Er nahm Jugendliche und junge Erwachsene in sein Haus auf, lebte und arbeitete mit ihnen, um sie besser auf die Anforderungen an der Universität vorzubereiten. Latein war in seinem Hause die Umgangssprache. Die Schüler wurden individuell gefördert, wobei das Prinzip der gegenseitigen Erziehung eine wichtige Rolle spielte. Zum festen Bestandteil des Tagesablaufes gehörten darüber hinaus tageszeitliche Gebete und ein Haustheater, für das Melanchthon eigene, durchaus humorvolle Stücke schrieb. Im engsten Kreis hielt er Privatvorlesungen und bot Übungen zur Vertiefung des Wissens an. Zeitweise unterstützte ihn bei seiner pädagogischen Arbeit weiteres Lehrpersonal, wie z. B. der Mathematiker Martin Borrhaus (1499–1564).

Melanchthon wünschte sich, eine derartige Privatschule möge Nachahmung bei seinen Kollegen finden, so dass mehr Professoren auf diese Art und Weise ihrer Bildungsverantwortung nachkämen. Trotzdem gab es in Wittenberg nur zwei solcher Hausschulen. Melanchthon klagte, die meisten ließen sich von den Mühen abschrecken und scheuten sich vor der Kindererziehung wie vor einer schmutzigen Arbeit. Zweifelsohne war sein großer Hausstand ein aufwändiges Unternehmen. Anfänglich wurde Melanchthon durch Johannes Koch als Hausgenosse und Betreuer unterstützt. Doch Luther sorgte sich um die Ordnung im Haus und riet Melanchthon daher zur Heirat – ohne bei diesem auf Zustimmung zu stoßen. Luther verfolgte sein Anliegen weiter, setzte sich beim Kurfürsten für eine Gehaltserhöhung ein, damit Melanchthon einen Hausstand gründen konnte und gab schließlich am 18. August 1520 Melanchthons Verlobung bekannt. Der Bräutigam wider Willen lobte den Charakter seiner Frau Katharina Krapp, Tochter eines Tuchhändlers und Wittenberger Ratsherrn. Den Hochzeitstag bezeichnete er jedoch als »Tag seiner Trübsale«. Freunden gegenüber betonte er, seine Leidenschaft werde auch als Ehemann weiterhin der Wissenschaft gelten. Trotzdem gingen vier, von Melanchthon sehr geliebte Kinder aus dieser Ehe hervor.

Melanchthons Hausschule erlangte schnell einen guten Ruf im In- und Ausland. Ungefähr bis 1530 betrieb er diese, löste sie dann jedoch wegen zu großer auswärtiger Verpflichtungen auf. Dennoch nahm er weiterhin einzelne Studenten auf. Für ausländische Studenten, die kein Deutsch verstanden, bot er sonntags Privatvorlesungen bzw. Andachten in lateinischer Sprache an.

Bildung an der Universität

Wenn auch die Wittenberger Universität erst Anfang des 16. Jahrhunderts gegründet wurde, so blickte die universitäre Ausbildung in Europa bereits auf eine fünfhundert Jahre alte Tradition zurück. Im Laufe dieser Zeit, so kritisierte Melanchthon, seien die Wissenschaften jedoch durch ausufernde Darstellungen und spitzfindige Erörterungen in ihrer eigentlichen Klarheit verdunkelt worden. Wie viele Humanisten forderte Melanchthon eine Studienreform des überkommenen scholastischen Lehrplans. Programmatisch formulierte und präsentierte er seine Forderungen nach einem erneuerten Sprach- und Grundstudium in seiner Antrittsvorlesung. Diese humanistischen Reformideen wurden in Wittenberg gerne aufgenommen, da sie mit jenen Forderungen harmonierten, welche durch die reformatorische Theologie notwendig geworden waren. Die Wittenberger Universität zeigte sich Veränderungen gegenüber offen. Die Einrichtung des Lehrstuhls für griechische Sprache und Melanchthons Berufung waren ein erstes Ergebnis dieser Offenheit gewesen.

Doch diese Strukturreform reichte den Studenten nicht aus. Die von Luther geäußerte theologische Aristoteleskritik führte bei ihnen zu einer generellen Abneigung allen Grundlagenfächern gegenüber und folglich zu einem veränderten Studienverhalten. Die Studenten verschmähten die Angebote zur Grammatik, Dialektik und Rhetorik und strömten stattdessen in die Vorlesungen über den Römerbrief und andere biblische Schriften. Melanchthon kritisierte das alte scholastische Lehrsystem, gleichermaßen aber auch die unter Studenten eingetretene Verachtung des Grundstudiums. Seine Reform des Sprachstudiums ging gegen beide Missverständnisse an und zeigte den recht verstandenen Wert des Anfangsunterrichts: Sprachliche Fähigkeit sei eine unersetzliche Grundkompetenz, die keinem Menschen fehlen dürfe. Hinzu kam, dass den Studenten nicht nur sprachliche Kompetenz, sondern auch die erforderlichen Kurse für eine Abschlussprüfung fehlten, da in der Studienordnung das Durchlaufen des Grundstudiums nach wie vor als prüfungsrelevant vorausgesetzt wurde. Die Krise der Bildung manifestierte sich in der gefallenen Anzahl regulärer Abschlüsse; für einige Jahre gab es keine einzige theologische Doktorpromotion in Wittenberg.

1523 wurde Melanchthon zum ersten Mal Rektor der Wittenberger Universität. In den von ihm mitverantworteten Studienordnungen (1526, 1536 und 1545) versuchte er sowohl die Grundbildung der Studenten sicher zu stellen als auch auf die individuellen Bedürfnisse der Einzelnen einzugehen. So musste sich fortan jeder Student zu Studienbeginn beim Rektor melden, um einem Studienleiter zugewiesen zu werden, der einen auf den Studenten abgestimmten Studienplan erstellte. Generell galt, dass allgemeine Vorlesungen erst besucht werden durften, wenn Nachweise über die fehlerfreie Sprachbeherrschung in Wort und Schrift erbracht und die Grundlagen der Mathematik erworben waren. Für das Erlernen der Grammatik erhielt jeder Student einen persönlichen Lehrer. Die Sprachen Griechisch und Hebräisch wurden obligatorisch für angehende Theologen. Auf diese Weise sollte ein geordneter und sinnvoller Studienablauf gewährleistet und der Kontakt zwischen Lehrenden und Lernenden verbessert werden. Zur weiteren Förderung der praktischen Sprachsicherheit und des Fachwissens führte Melanchthon die alte Tradition des öffentlichen Redens wieder ein. Zweimal im Monat sollten Deklamationen gehalten werden – wechselweise von einem Professor bzw. einem Studenten durchgeführt. Später wurden auch wieder Streitgespräche (Disputationen) veranstaltet.

Aus Melanchthons Feder sind zahlreiche Studienordnungen für Studenten überliefert, oftmals mit detaillierten Planungen des Tagesablaufes. Dabei wird sein pädagogischer Grundsatz offenbar: Ein richtiges Maß an Abwechslung erleichtert die Arbeit und lässt den Studenten einen klaren Kopf bewahren. Selbst wenn es sich bei den Studenten nicht um angehende Theologen handelte, wird aus den Anweisungen Melanchthons das Interesse, im Alltags- und Studienablauf über das Fachwissen hinaus einen Weg zu Frömmigkeit, Gottesfurcht und Glauben zu weisen, sichtbar. Neben solchen Beratungen setzte sich Melanchthon für seine Studenten mittels Empfehlungsschreiben, Unterstützung bei Stipendienanträgen oder bei der Stellensuche ein.

Über seine Arbeit als Studienorganisator hinaus bemühte Melanchthon sich um eine pädagogisch durchdachte Vorlesungstätigkeit: Die Mitschriften von Studenten und Melanchthons Lehrbücher dokumentieren seine geschickte Auswahl des Stoffes, verbunden mit einer sauberen Gliederung, mit Zwischenüberschriften und – wo es sich anbot – auch mit der Verwendung von Tabellen. Damit setzte Melanchthon neue Maßstäbe im Bereich der Lehrbuchliteratur. Hinzu kam sein radikal freiheitlicher Ansatz, sich von Fachtraditionen zu lösen, wo sie ihm pädagogisch hinderlich oder sachlich unangemessen erschienen. Ein didaktisches Grundmotiv seiner Darstellungen war das Erkenntnis leitende Interesse des Lernenden: Nur der lernt sinnvoll, der weiß, warum er etwas lernen muss. Daher verdeutlichte Melanchthon immer wieder an Beispielen die praktische Relevanz des Lernstoffs. Bereits in den Anfangsthemen der Sprachkompetenz finden sich Beispiele aus den Bereichen Geschichte, Theologie oder Recht, die das Ziel verfolgen, den Nutzen der sprachlichen Regeln zu entfalten. Bei besonders mühseligen Themen motivierte Melanchthon auch mit humorvollen und lebensnahen Beispielen. Den Trugschluss erklärte Melanchthon in seinem sprachlichen Lehrbuch anhand eines alten Trinkspruches: Wer viel trinkt, schläft viel. Wer viel schläft, sündigt nicht, wer nicht sündigt, wird selig werden. Also: Wer viel trinkt, wird selig werden. Ebenso konnte er auf die finanziellen Sorgen der Studenten eingehen, um diese anzuregen, das Auffinden von Argumenten zu lernen. Denn, so Melanchthon, wer das dialektische Verfahren beherrsche, könne ohne Probleme einen überzeugenden Brief an seinen Vater schreiben und um weitere finanzielle Unterstützung bitten. Darüber hinaus eröffnete Melanchthon seine Vorlesungen, indem er den vorangegangenen Stoff abfragte. So stellte er sicher, wie viel des bereits Gelehrten verstanden worden war.

Neben seiner Tätigkeit als Rektor, Studienorganisator, Lehrbuchverfasser und pädagogisch motivierter Professor in Wittenberg unterstützte Melanchthon auch andere Universitäten. So stand er den Verantwortlichen der Universitätsreformen, u. a. in Tübingen, Leipzig und Heidelberg, ratschlagend zur Seite. Nach der Einführung der Reformation im Herzogtum Sachsen half Melanchthon beispielsweise bei der Modernisierung der Leipziger Universität. Dieser Prozess musste sowohl der überfälligen humanistischen Lehrreform wie der Umgestaltung im Sinne der Reformation Rechnung tragen. Außerdem erwirkte Melanchthon eine Neuregelung der Gehälter und machte personelle Vorschläge bei der Neubesetzung der theologischen Fakultät. Insbesondere der Wechsel von Joachim Camerarius, dem langjährigen und engen Freund Melanchthons, nach Leipzig im Jahre 1541 ist dem Wittenberger zu verdanken. Als 1543 in Leipzig die erste Promotion von Theologen stattfand, hielt Melanchthon dazu seine »Rede über das unentbehrliche Band zwischen den Schulen und dem Predigtamt« mit folgendem Gleichnis:

Zitat

»Wenn ich über das gemeinschaftliche Leben nachdenke und mir nachts zuweilen ein Diener mit einer leuchtenden Laterne vorangeht, dann kommt mir oft in den Sinn, daß die Gemeinwesen der Laterne gleichen, die himmlische Lehre aber dem Licht. Und wie die Laterne bei Dunkelheit ohne Licht nutzlos ist, so sind auch die festen Mauern der Städte unnütz, wenn die Erkenntnis Gottes und die Lehre von den guten Dingen erlischt. Man muß also zugestehen, daß die Kirchen und Versammlungen nötig sind, die Gott dienen, die die Lehre von seinem Wesen und Willen überall ausstreuen.« (Melanchthon deutsch Bd. 2, S. 19 f)

Bildung in der Gemeinde

Im Juni 1527 erließ der Kurfürst von Sachsen den Auftrag zur Visitation der Gemeinden. Aufgabe der Visitatoren war es, sich einen konkreten Überblick über die Reformation der Kirchen vor Ort zu verschaffen und dabei den Bildungsstand der Pfarrer, Prediger und Schulmeister sowie deren theologische Einstellung zu prüfen. Ebenso sollten die Einkommensverhältnisse und das kirchliche Finanzwesen neu geordnet werden. Dazu teilte der Kurfürst Kursachsen in verschiedene Distrikte ein, die von unterschiedlichen Fachgruppen bereist und begutachtet werden sollten. Melanchthon machte sich zusammen mit dem Wittenberger Juristen Hieronymus Schurff und den beiden kurfürstlichen Räten Hans von der Planitz und Asmus von Haubitz auf die Reise nach Thüringen. Die anstehende Erntezeit und die Pest beendeten diese erste Visitation zwar früher als erwartet, doch hatte Melanchthon genügend Einblicke in den teilweise verheerenden Bildungsstand und moralischen Lebensstandard der Gemeindeglieder und Pfarrer gesammelt. Als Antwort darauf verfasste Melanchthon einen »Unterricht der Visitatoren« (sog. Visitationsartikel), dessen erster Teil die christlichen Hauptthemen in lebensnaher Form erläuterte und als Lehr- und Predigtplan für die Erwachsenenbildung konzipiert war. Der zweite Teil beschäftigte sich mit Fragen der Kirchen- und Schulordnung. Sorge bereitete Melanchthon die einseitige Predigt des Evangeliums, welche die Notwendigkeit der Buße vergaß. Entsprechend ausführlich ist das Kapitel über die Sündenerkenntnis, Reue und Vergebung gehalten. Gleichzeitig fand mit den Visitationsartikeln eine Abgrenzung von vorhandenen Irrlehren statt. In der Abendmahlslehre bezog er Position gegen Karlstadt und Zwingli und hinter der mehrfach geäußerten Sorge von der Gefahr des Aufruhrs standen die Erfahrungen des Bauernkrieges (1525). Der Artikel über die Schule entwarf eine ausführliche Unterrichtsordnung und grenzte sich von jeglicher kirchlicher Bildungsfeindlichkeit ab.

Zitat

»Die Prediger sollen die Menschen auch ermahnen, ihre Kinder zur Schule zu schicken, damit man Menschen heranziehe, die in der Kirche lehren und auch regieren können. Denn es meinen etliche, es sei ausreichend für einen Prediger, deutsch lesen zu können. Das ist aber ein gefährlicher Wahn. Denn wer andere unterrichten will, muss viel Erfahrung und besondere Fähigkeiten haben. […] Derartig gebildete Menschen werden aber nicht nur in der Kirche gebraucht, sondern auch im weltlichen Regiment. Deshalb sollen die Eltern um Gottes Willen die Kinder zur Schule schicken.« (Visitationsartikel, nach CR 26, Sp. 90)

Die Visitationserfahrung veränderte Melanchthons pädagogische Interessen. War er bisher vor allem an einer Didaktik des Lernens interessiert, rückte nun die Didaktik des Lehrens mit in den Blick. Dies bedeutete für ihn auch, die Tauglichkeit der Studenten, der Lehrer und Pfarrer in Frage zu stellen.

Bildung der Pfarrer

Bereits im späten Mittelalter war die Kritik an Bildung und Lebenswandel der Pfarrer ein weitverbreitetes Phänomen. Beispielhaft für den Spott und die Klage über die Geistlichkeit ist Sebastian Brants (1458–1521) Satire »Das Narrenschiff«, in dem er u.a. die ungeistlichen Motive und die Unwissenheit vieler junger Menschen kritisierte, die den Beruf des Priesters wählten. Die Redensart vom »dummen Pfaffen« wurde von den Humanisten geprägt und hat sich über Jahrhunderte erhalten. Dennoch ist zwischen den akademisch gebildeten Theologen und den schlicht vorgebildeten Priestern zu unterscheiden. Erstere stellten mit Sicherheit die Minderheit der Geistlichkeit dar, hatten jedoch an der Universität das allgemeine Grundstudium durchlaufen und eine theologische Bildung erworben. Dazu zählten traditionsgemäß systematisch-theologische Vorlesungen nach dem Lehrbuch des Petrus Lombardus und ein Bibelstudium nach dem mittelalterlichen Kommentarwerk der »Glossa ordinaria«, d.h. eine Erklärung einzelner Verse anhand von Zitaten der Kirchenväter oder mittelalterlicher Theologen. Das erheblichere Problem aber berührte den Bildungsstand des Gemeindeklerus und der vielen Messpfaffen vornehmlich in den Städten. Ihnen fehlte die theologische Ausbildung, selbst die Kenntnis des Lateinischen beschränkte sich auf die Bedürfnisse der Liturgie.

Martin Luthers Reform der Theologie wirkte sich schnell auf das Theologiestudium aus. Bereits seit 1516 wurde das theologische Lehrangebot schrittweise auf biblische Veranstaltungen umgestellt, die auf den Originalsprachen der biblischen Texte basierten und den einfachen, wörtlichen Sinn der Heiligen Schrift darlegten. Im Grundstudium wurde für die angehenden Theologen das Erlernen der griechischen und hebräischen Sprachen grundsätzlich verpflichtend. Wer diese Anfangstechniken erlernt hatte, konnte sodann mit dem Studium der Theologie beginnen. Ein von Melanchthon erstellter Studienplan von 1529/30 belegt die grundlegenden Anforderungen an einen angehenden Theologen: Der Student war zur kursorischen Bibellektüre verpflichtet, wobei er sich zu den zentralen theologischen *loci* eine persönliche Liste von Referenzstellen anlegen sollte. Hinzu kam das Studium des Römer-, Galater- und Kolosserbriefes unter Zuhilfenahme der Kommentare von Luther und Melanchthon. Als weitere biblische Studien wurden die vier Evangelien und aus dem Alten Testament das erste und fünfte Buch Mose sowie die Psalmen und Propheten unter Rückgriff auf Luthers Kommentare gefordert. Kenntnisse der Zeitrechnung, der Philosophie, der antiken Autoren und Kirchenväter standen ebenfalls auf dem Lehrprogramm.

Unter Rückgriff auf die von Melanchthon erstellten Regeln zum Theologiestudium wurde in Wittenberg ab 1536 ein Parallelangebot von alt- und neutestamentlichen Vorlesungen festgeschrieben und entsprechendes Personal bereitgestellt. Im Zentrum der Veranstaltungen standen der Römerbrief, die Psalmen und die Propheten, wobei die Vorlesungen keine Spitzfindigkeiten behandeln, sondern die einfache Wahrheit des Textes durch eine grammatisch-rhetorische Analyse erhellen sollten. Zu dem biblischen Lehrangebot traten später noch systematisch-theologische Vorlesungen hinzu, oftmals in Anlehnung an Melanchthons »Loci communes«, oder aber Veranstaltungen über einzelne zentrale theologische Begriffe, wie z. B. die Lehre von der Kirche.

War damit der reformatorischen Theologie in der Studienordnung Rechnung getragen, bedeutete dies nicht zwangsläufig, dass jeder Pfarrer vor Ort auch alle Elemente der Ausbildung durchlaufen hatte. Bevor ein solches Programm bei den Gemeinden ankam, vergingen Jahrzehnte. Ein Universitätsabschluss gehörte auch in den evangelischen Gebieten noch nicht zu den notwendigen Voraussetzungen für die Ausübung des Pfarrerberufs. Um einen Minimalstandard für Lehre und Leben der Pfarrer zu gewährleisten, wurde 1535 in Kursachsen eine Ordinandenprüfung eingeführt. Jeder Kandidat musste beim Amtsantritt ein Examen ablegen, das anfänglich durch den Superintendenten durchgeführt und später an der Universität zentralisiert wurde. Wo der Pfarrer sich jedoch das dazu notwendige Wissen anzueignen hatte, war rechtlich nicht vorgeschrieben.

Melanchthon war sich von Anfang an im Klaren darüber, dass der Beruf des Pfarrers auch Kompetenzen im praktischen Bereich erforderte. Bereits 1519 brachte Melanchthon Überlegungen in sein rhetorisches Handbuch ein, wie eine Predigt zu schreiben sei. Er verglich dabei die Aufgabe des Predigers mit der eines rhetorisch geschulten Redners – mit dem Unterschied, dass der Stoff der Predigt einzig der Heiligen Schrift entnommen werde. Belegen diese Ausführungen Melanchthons zwar einen Blick für die Praxis, lag damit noch längst keine umsetzbare Predigtlehre vor. Unter dem Eindruck der Visitationen unternahm Melanchthon zehn Jahre später seinen ersten Versuch, eine eigenständige Homiletik zu formulieren. In dieser fragmentarisch gebliebenen Arbeit legte er den

Theologen drei Predigtweisen nahe: erstens die Lehrpredigt, wobei es sich um eine von Melanchthon eigens entworfene rhetorische Gattung handelte, welche Sachkenntnis und kompetente Vermittlung zum Ziel hatte. Zweitens sollte die Predigt die Unterweisung im Glauben und drittens die Ermahnung zur Moral leisten. Ende der dreißiger Jahre verfasste Melanchthon seine erste vollständige Predigtlehre in einer Zeit, in der ihm die Gefahren der Rhetorik für die Kirche zunehmend deutlich wurden. Entsprechend warnte er vor einer rhetorischen Versklavung der Predigt: Nicht die Komposition oder der stilistische Glanz verdiene also das Hauptaugenmerk bei der Abfassung von Predigten, sondern die rechte Entfaltung der Heiligen Schrift. Ausgehend von der biblischen Verpflichtung zu informieren, zu mahnen und zu lehren (1 Tim. 4 13), komme den Predigern eine doppelte Aufgabe zu. Zum einen sollten sie den Inhalt der christlichen Lehre vermitteln sowie die durch Gottes Gnade wiedergeborenen Christen zum Tun der guten Werke ermahnen. In seiner Auslegung des Timotheusbriefes (1550/1) formulierte er schließlich drei konstitutive Elemente für die Predigt im Gottesdienst: Jede Kanzelrede müsse einen biblischen Text zur Grundlage haben (*lectio*), dessen Lehraussage den Hörern dargelegt werden solle (*doctrina*) und zwar in einer Weise, die zur Aneignung im eigenen Leben sowie zum Trost der Gläubigen (*adhortatio, consolatio*) führe.

Bildung der Kinder

Die schulische Ausbildung in Europa nahm mit den kirchlichen Einrichtungen von Kloster- und Domschulen ihren Anfang. Dort wurden neben den Novizen auch weltliche Schüler unterrichtet. Ab dem zwölften Jahrhundert entstanden städtische Bildungseinrichtungen, die in der Regel nicht der Kirche, sondern dem Stadtrat unterstellt waren. Weitere Schulgründungen gingen im 15. Jahrhundert von den Brüdern des gemeinsamen Lebens aus. Fast zeitgleich setzten Humanisten Reformimpulse durch neue und modernere Lehrbücher, die an vorhandenen Schulen eingesetzt werden sollten. So versuchte z. B. der Humanist Jacob Wimpfeling (1450–1528), mit seiner Schrift »Germania« in Straßburg direkten Einfluss auf die Schulorganisation zu nehmen. Dabei blieben derartige Reformversuche weitgehend unkoordinierte lokale Maßnahmen. Besonders im ländlichen Bereich befand sich die Grundbildung der Kinder in einem desolaten Zustand, da dort der Unterricht – wenn überhaupt vorhanden – von den Ortspfarrern versehen wurde.

Da mit der Reformation in den evangelischen Gebieten die Klöster aufgelöst und Besitzstände verweltlicht wurden, kam es durch den Wegfall der kirchlichen Schulen vorübergehend zu einem noch größeren Bildungsnotstand. Zugleich wurden aber auch Geldmittel frei zur Finanzierung von Schulen. Programmatisch vertrat Martin Luther mit seiner Schrift »An die Bürgermeister und Ratsherren deutscher Städte« (1524) die Ansicht, der Unterricht sei keine Privatangelegenheit, sondern die weltliche Obrigkeit trage für die Bildung Verantwortung. Melanchthon verfasste zur lateinischen Übersetzung dieser Schrift eine Vorrede, aus der die Gemeinsamkeiten beider Reformatoren im erzieherischen Wirken offensichtlich wurden. Knapp sechzig Jahre später wurde in Kursachsen die Elementarschule als schulischer Mindeststandard festgeschrieben – Impulsgeber dieser Entwicklung war Melanchthons bildungspolitischer Einsatz.

Melanchthons Kardinalstelle der biblischen Begründung für die christliche Bildungsarbeit wurde Jesu Segnung der Kinder (Mk. 10 13–16). Sein erstes Katechismusstück »Frömmigkeit und Bildung« entstand bereits 1522/23, wenn es auch erst zehn Jahre später gedruckt wurde. Darin betonte Melanchthon, dass Frömmigkeit nur durch Frömmigkeit zu lernen sei, Erziehung und Bildung aber Angelegenheiten eines jeden Menschen seien und von daher beides nicht getrennt werden dürfe. Infolgedessen entwarf er weitere Texte für den Gebrauch in seiner Hausschule, wie etwa eine Fibel zum Lesenlernen, die zusammen mit Gebeten, dem Glaubensbekenntnis und ausgewählten neutestamentlichen Texten 1523 erstmals erschien. Die deutsche Fassung erfreute sich großer Beliebtheit und kann als erster evangelischer Katechismus angesehen werden. Später jedoch wurde dieser von Luthers Katechismus (1529) verdrängt.

Die von Melanchthon initiierten und mitverantworteten Schulgründungen entwickelten sich zu einem Meilenstein in der Bildungsarbeit. Nicht immer stand er als Hauptakteur im Vordergrund. Sehr häufig übte er jedoch einen mittelbaren Einfluss aus, da die Schulordnungen deutlich melanchthonischen Geist atmeten. Das galt auch für die Gründung der Schule in Eisleben (1525), deren Statuten von Johann Agricola und Hermann Tulich (1486–1540) verfasst wurden. Die Schule in Eisleben entwickelte sich zum Vorbild für die Gründung der evangelischen Klosterschulen in Württemberg. Weitere wichtige Stationen waren die Schulgründung in Nürnberg (1526) und die Schulordnung der Visitationsartikel. Außerdem trat Melanchthon für die Einrichtung höherer Schulen in säkularisierten Klöstern ein, wie z. B. in St. Afra zu Meißen oder St. Augustin in Grimma. Er vertrat dabei eine kirchliche Bildungsverantwortung für die Welt durch ein schulisches Angebot, welches den Kindern auch den Weg in weltliche Berufe eröffnete. Denn sein Ideal entsprach nicht kirchlichen, sondern öffentlichen Schulen, in deren Mitte eine christliche Unterweisung stattfinden sollte.

Melanchthons Schulsystem

Melanchthon unterteilte die schulische Bildung in ein Dreiklassensystem, das sich mit den Begriffen Elementar-, allgemeinbildende und höhere Schule umschreiben lässt. Eine Dreiteilung der Leistungsstufen war schon im Mittelalter bekannt. Neu war hingegen, dass Melanchthon keine Jahrgangsstufen einrichtete, sondern die Schüler ihren Leistungen entsprechend in drei »Haufen« einteilte. In die nächsthöhere Stufe kam nur derjenige, der das Lernziel seines Haufens erreicht hatte. In Straßburg arbeitete Johannes Sturm (1507–89) hingegen mit Jahreskursen, die ähnlich den modernen Klassenstufen durchlaufen wurden. Entsprechend Melanchthons Vorstellungen wurden in der ersten Stufe grundlegende Kulturtechniken (wie Lesen, Schreiben, Rechnen) sowie eine religiöse Grundbildung (Vater Unser, Glaubensbekenntnis, Zehn Gebote) vermittelt. Der zweite Haufen widmete sich der Allgemeinbildung und in der dritten Stufe wurden die Schüler auf ein Studium an der Hochschule vorbereitet.

Dem dritten Haufen wurde bei der Schulgründung in Nürnberg besonderes Interesse zuteil, da die dortige Schule sich allein dieser dritten Lernstufe zuwandte. Damit begründete die Nürnberger Schule eine neue Schulform, die zu Recht als Anfangspunkt der gymnasialen Bildung gewertet werden kann. Melanchthon lehnte die Berufung als Schulleiter in Nürnberg ab, hielt dort allerdings die Eröffnungsrede. Darin betonte er, kluge und gebildete Bürger bedeuteten für eine Stadt mehr als hohe Festungsmauern. Denn nicht mit Waffen, sondern mit Weisheit, Mäßigung und frommer Haltung werde eine Stadt am besten regiert und verteidigt. Bei diesem Anlass traf Albrecht Dürer mit Melanchthon zusammen und fertigte eine Federzeichnung, die als Grundlage für den bekannten, im gleichen Jahr erschienenen, Kupferstich diente.

Den Schulalltag strukturieren feste Unterrichtszeiten und -inhalte sowie selbstbestimmtes Lernen. Bildung und Frömmigkeit waren dabei miteinander verschränkt, da von Beginn an Raum für die religiöse Erziehung gegeben wurde. Anfänglich beschränkte Melanchthon die religiösen Ausbildungszeiten auf den Sonntag, später reservierte er in den Schulordnungen dafür einen Wochentag, so dass spätestens seit den Visitationsartikeln von einer Existenz des Religionsunterrichts gesprochen werden

Abb. 3: Kupferstich von Albrecht Dürer, 1526
(Bildnachweis: Stiftung Luthergedenkstätten Sachsen-Anhalt)

kann. Dieses Fach lehrte jedoch nicht ein Pastor, sondern lag in der Hand eines Lehrers. Folgt man den Visitationsartikeln, so mussten die Kinder im Religionsunterricht das Vater Unser, das Glaubensbekenntnis und die Zehn Gebote auswendig lernen, wobei der Lehrer ihnen das rechte Verständnis dieser Glaubensstücke zu erläutern hatte. Außerdem standen noch leicht verständliche Psalmen und das Matthäusevangelium als geeignete Lektüre für Schüler auf dem Programm. Erst nach dieser biblischen Grundbildung sollten weitere leicht verständliche Bibellektüren, etwa der Timotheusbriefe oder der Sprüche Salomos, folgen.

Melanchthons Entwurf blieb nicht unumstritten. So verriss z.B. Desiderius Erasmus das Schulprogramm Melanchthons. Die Nürnberger Schule mit ihrem Direktor Joachim Camerarius zeigte jedoch bald, wie erfolgreich diese Schulidee war. Neben Knabenschulen wurden auch Mädchenschulen gegründet. Luther hatte dies bereits in seiner Schulschrift von 1524 gefordert, Melanchthon selbst wurde erst 1541 mit der konkreten Gründung einer Mädchenschule betraut. Den Statuten ist zu entnehmen, dass die Mädchenschule vornehmlich der Vorbereitung zum Leben als Hausfrau und Mutter diente.

Einher mit der Differenzierung des Schulsystems ging die Professionalisierung des Lehrerberufs. So sollten Küster oder Handwerker den Elementarbereich unterrichten, die Allgemeinbildung oblag dem Lehrer mit Universitätserfahrung (nicht unbedingt mit Abschluss) und Kenntnissen in Latein, Hebräisch und Griechisch. Diese wurden vom Schuldirektor oder Superintendenten vor der Anstellung überprüft. An den Gelehrtenschulen, also der dritten Schulform, sollten nur Lehrkräfte mit einem abgeschlossenen Studium eingestellt werden.

In den zahlreichen von Melanchthon verfassten Schulordnungen konkretisierte er seine allgemeinen Bildungsvorstellungen und passte sie den jeweiligen Bedingungen an. So führte er für die Stadt Soest in seinem Schulplan detaillierter aus, wie eine Finanzierung gewährleistet werden konnte, obwohl der Stadtrat offensichtlich viel lieber sein Geld für sinnlose Anliegen verschwendete. In der Ordnung für Köln, die sich im »Einfältigen Bedenken« (1543) findet, wich er von seinem Dreiklassensystem zugunsten von vier Haufen ab. Trotz mancher regionaler Unterschiede führte Melanchthons Engagement für die Bildung konsequent auf die allgemeine Schulpflicht hin, die allerdings erst zweieinhalb Jahrhunderte später eingeführt wurde. Gerhard Arnhardt würdigt Melanchthon deshalb als Architekten des christlich-neuzeitlichen Schulsystems.

Das menschliche Leben als fröhliche Schule

Melanchthons Wirken übte im pädagogischen Bereich weit über seinen Tod hinaus Einfluss aus. Einige seiner Lehrbücher wurden heimlich in katholischen Schulen genutzt, andere überdauerten bis ins 18. Jahrhundert, wie z.B. seine griechische Grammatik. Die von ihm gegründete Hohe Schule in Nürnberg existiert bis heute als Melanchthon-Gymnasium, das in seinem aktuellen Leitbild die Vermittlung von Sprachkompetenz als oberstes Ziel erklärt. Der »Unterricht der Visitatoren« entfaltete einen Wirkungsbereich über Kursachsen hinaus, da viele später verfasste Kirchenordnungen auf dieser Vorlage aufbauten.

Melanchthon entwickelte wie kaum ein anderer ein umfassendes und in den fachlichen Details zum Teil neu erarbeitetes Lehrprogramm. Die von ihm erbrachte fachdidaktische Leistung wird erst in der Summe aller Fächer greifbar. In der von ihm vorgelegten bildungstheoretischen und wissenschaftstheoretischen Konzeption kann ihm nur der Franzose Pierre de la Ramée (Petrus Ramus 1515–72) an die Seite gestellt werden, dem allerdings der theologische Aspekt, im Gegensatz zu Melanchthon, vollständig fehlt.

Gerade dieses unverzichtbare Zusammenspiel von Theologie und Bildung bringt Hermann-Adolf Stempel zu dem Urteil, von einer theologisch begründeten Pädagogik Melanchthons zu sprechen. Der *Praeceptor* selbst würdigte das schulische Leben 1539 in einer Rede über die Gesellschaft als die höchste und heiligste Lebensform überhaupt: Weil Gott dem Menschen die Fähigkeit zur Kommunikation gegeben habe, komme dem Lehren und Lernen größtes göttliches Wohlgefallen zu. Wer sich um Recht und Gesetz, Heilung von Krankheiten, Naturwissenschaften und Religion bemühe, mache sich um das Wohl der Menschheit verdient, da er somit zur Erhaltung lebensförderlichen Wissens beitrage und ein gelingendes Zusammenleben ermögliche.

Zitat

»Wäre die Natur von Sündenfall und Tod unversehrt geblieben, dann wäre das menschliche Leben nichts anderes gewesen als eine fröhliche Schule, in der die Älteren und Besseren ihre Mitmenschen über religiöse und naturwissenschaftliche Fragen, die Himmelsbewegungen und alle Obliegenheiten des Lebens belehrt hätten. [...] So stelle ich mir das Leben Adams und ähnlicher hervorragender Männer vor. Das Abbild dieses überaus glücklichen Zustandes aber ist das schulische Leben«. (Glaube und Bildung, S. 209)

Quellen

Unterricht der Visitatorn an die Pfarhern ym Kurfurstenthum zu Sachssen, CR 26, Sp. 51–96

Lobrede auf die neue Schule / In laudem novae scholae, 1526, in: Melanchthon deutsch Bd. 1, S. 92–101 und lateinisch CR 11, Sp. 106–111 = MSA 3, S. 63–69

Rede über das unentbehrliche Band zwischen den Schulen und dem Predigtamt / De necessaria coniunctione scholarum cum ministerio evangelii, 1543, in: Melanchthon deutsch Bd. 2, S. 17–34 und lateinisch CR 11, Sp. 606–618

Literatur

Stempel, Hermann-Adolf: Melanchthons pädagogisches Wirken (UKG 11), Bielefeld 1979

Arnhardt, Gerhard & **Reinert,** Gerd-Bodo: Philipp Melanchthon. Architekt des neuzeitlich-christlichen deutschen Schulsystems. Studienbuch (Reihe Geschichte und Reflexion), Donauwörth 1997

Eisleben, Lutherstadt (Hg.): Philipp Melanchthon und das städtische Schulwesen. Begleitband zur Ausstellung (Veröffentlichlungen der Lutherstätten Eisleben 2), Halle 1997

5

Glaube und gute Werke: Melanchthons Ethik

»Wie die Bienen durch ihre natürlichen Eigenschaften nicht christlich werden, werden wir durch unsere sozialen Handlungsweisen und natürlichen Tugenden nicht gerecht vor Gott. Die Bienen verfügen über eine gewisse Klugheit. Denn sie bauen Wohnungen und bilden einen Staat. Auch kommt ihnen Gerechtigkeit zu. Denn recht gewissenhaft gehorchen sie ihren Königinnen. Sie unterstützen sich gegenseitig, nehmen erschöpften Genossinnen die Lasten ab und meiden Gewalt und Unrecht. […] Wie sie aber wegen all dieser Tugenden nicht als Christinnen bezeichnet werden, sind auch Menschen nicht einfach wegen ihres sittlichen Verhaltens Christen, sondern weil sie glauben, Gott habe uns um Christi willen unsere Sünden vergeben und in seine Gnade aufgenommen.« (Kolosserkommentar 1527, zitiert nach Glaube und Bildung, S. 57)

Vor Gott und in der Welt

Der Mensch hat einen Willen (*arbitrium*) und ist damit verantwortlich für das, was er in seinem Leben tut. Aber reicht das, was er in seinem Leben vollbringt auch aus, um von Gott als guter, gerechter Mensch angesehen zu werden und damit das ewige Heil zu erlangen? Martin Luther litt unter der Angst vor der eigenen, womöglich unzureichenden Gerechtigkeit und rang mit dieser Frage schwer. Bis ihm beim Bibelstudium aufging, dass mit der Gerechtigkeit, die vor Gott gilt, nicht eine Leistung des Menschen gemeint ist, sondern Gottes Gerechtigkeit, der den Menschen im Glauben an Jesus Christus ohne alle Vorbedingungen annimmt (Röm. 1 17). Von Luther lernte Melanchthon diese Rechtfertigung allein aus Glauben ohne Verdienst und widersprach von da an der menschlichen Mitwirkung beim Gnadengeschehen deutlich. Zeitlebens betonte er, keine Antriebskraft des Herzens bringe ein derart tugendhaftes Leben hervor, das vor Gottes richterlichem Urteilsspruch Bestand hätte. Äußerlich könne der Mensch sich um sittlich korrektes Verhalten bemühen, innerlich regiere jedoch in jedem Herzen die Eigenliebe, die den Menschen dazu verleite, nur das zu wollen und zu wünschen, was ihm selbst als gut und angenehm erscheine. Deshalb liegt in der Erfüllung des Gesetzes für Melanchthon kein erfolgsversprechender Heilsweg. Wie Melanchthon in der »Confessio Augustana« betonte, ist das Heil des Menschen allein im Glauben an die fremde Gerechtigkeit Christi begründet: Christus allein habe durch seine Hingabe am Kreuz die Zuneigung Gottes zu den Menschen gewonnen und vermittle diese an die Glaubenden (CA Art. XX).

Wenn aber moralisch gute Werke vor Gott keinen Weg zur Erlangung des Heils mehr wiesen, erwuchs die Gefahr, die befreiende Botschaft der Rechtfertigung als Freiheit von einem ethisch verantwortlichen Handeln fehlzudeuten und somit eine Lizenz zum Sündigen (*licentia peccandi*) auszustellen. Welche Bedeutung der Moral im Zusammenleben der Gesellschaft und im Leben eines Christen zukam, musste präzisiert werden. Glaube und gute Werke waren ein zentrales Thema von hoher Komplexität, welches Melanchthon aus unterschiedlichen Perspektiven beleuchten musste. Dabei entfaltete er zum einen den Aspekt des gerechten Handelns der Menschen in der Welt, was sich als horizontale Dimension bezeichnen lässt. Zum anderen widmete er sich der menschlichen Gerechtigkeit im Angesicht Gottes, also der vertikalen Dimension. Beide Perspektiven verdichteten sich in der Frage nach dem rechten Handeln des gläubigen Menschen.

Dabei gewannen in den zwanziger Jahren sowohl die ethischen Fragen des gesellschaftlichen Lebens als auch der neue Gehorsam des gerechtfertigten Menschen an Bedeutung. Der Bauernkrieg und die Sorge um einen politischen Aufruhr dürften Melanchthons Hinwendung zu ethischen Fragen verstärkt haben. Hinzu kam der Vorwurf von römischer Seite, dass die reformatorische Lehre zur sittlichen Verwahrlosung beitrage sowie die innerreformatorische Debatte um die Notwendigkeit des Gesetzes für die Gläubigen.

Christliche und weltliche Gerechtigkeit

Christlich und weltlich zu scheiden ist man in einer säkularisierten Gesellschaft gewohnt. Dem 16. Jahrhundert war diese Trennung noch fremd. Gott war als Schöpfer, Erhalter und Herrscher über die Welt so unbestritten wie die von ihm eingesetzte weltliche Obrigkeit, die mit politischen Mitteln Ordnung, Frieden und Gerechtigkeit schaffen sollte. Wenn die staatlichen Strukturen auch als verlängerter Arm Gottes auf Erden gesehen wurden, lehrten die Reformatoren dennoch, christliche und weltliche Gerechtigkeit säuberlich zu unterscheiden.

1522 erschien von Melanchthon eine Flugschrift mit dem Titel »Unterschid zwischen weltlicher und christlicher Fromkeyt«. Dort definierte er grundlegend die beiden Gerechtigkeiten und führte aus, dass die menschliche Gerechtigkeit in äußerlicher Ehrbarkeit, Benehmen, Sittsamkeit und in der Aufgabe der Kindererziehung bestehe. Die Vernunft könne diese menschliche Gerechtigkeit begreifen, welche auch grundlegend in den Zehn Geboten formuliert sei. Davon zu trennen sei jedoch die göttliche Gerechtigkeit,

Zitat

»die Christus mit dem Heiligen Geist in uns wirkt: Unser Herz wird vom Heiligen Geist bewegt, so daß es wegen unserer Sünden vor dem großen Zorn Gottes erschrickt und die Gnade und Verzeihung der Sünde durch Christus ergreift. Und es empfängt dann Trost und gewinnt eine sichere, fröhliche, herzhafte Zuversicht zu Gott. Es ergibt sich bereitwillig in allen Anfechtungen Gott und erwartet Gutes von ihm. Es merkt, daß er allezeit auf uns acht gibt, in aller Kreatur um uns wirkt und alle Kreatur ernährt, schützt und erhält«. (Melanchthon deutsch, Bd. 2, S. 13 f)

Allein der Geist Christi schaffe in den Menschen lebendige Gerechtigkeit, so Melanchthon weiter, während das Leben vergänglich sei, ebenso wie die äußerliche Ordnung – trotz ihrer unbestrittenen Notwendigkeit für das friedliche Zusammenleben. Besonders wegen ihres Nutzens für die elementare Unterweisung erfreute sich Melanchthons Flugschrift so großer Beliebtheit, dass sie mehrfach nachgedruckt wurde. Grundlegend blieb er dieser Unterscheidung von christlicher und weltlicher Gerechtigkeit zeitlebens verbunden und präzisierte den Gedanken sowohl in seinen ethischen wie auch seinen theologischen Schriften: Wer über Gesetz und Rechtfertigung spreche, müsse ebenso beide Formen der Gerechtigkeit unterscheiden wie wenn er über Gesetze und Politik rede. Um dieser Unterscheidung terminologisch gerecht zu werden, sprach Melanchthon vom doppelten Gebrauch (*duplex usus*) des Gesetzes, dessen biblische Begründung er – wie Luther – in Röm. 3 20 fand.

In seinem Römerbriefkommentar von 1532 führte Melanchthon dazu aus, Gottes Gesetz sei die ewige Weisheit und Gerechtigkeit im Willen

Gottes, sei die Unterscheidung von Gut und Böse, wie sie in den Zehn Geboten zusammenfassend formuliert worden sei. Allen Menschen verbleibe eine fragmentarische und getrübte Kenntnis dieses göttlichen Gesetzes, wobei die sündhafte Natur des Menschen eine vollkommene Befolgung dieser Regeln verhindere. Diese Aufgabe des Gesetzes in seiner äußerlichen Funktion nannte Melanchthon den politischen Gebrauch (*usus politicus*), der für ihn auch die Möglichkeit und Notwendigkeit zur Entfaltung einer philosophischen Ethik begründete. Während staatliche Gesetze nur einer äußerlichen Erfüllung bedürfen, fordert hingegen Gottes Gesetz auch innerliche Zustimmung und vollkommenen Gehorsam. Weil jedoch kein Mensch mit allen Gefühlen seines Herzens dieser Forderung nachkommen könne, so Melanchthon, bringe das Gesetz in seiner zweiten, geistlichen Aufgabe (*usus theologicus*) den Menschen zur Erkenntnis der Sünde: Er verfehle das, was sein Schöpfer von ihm erwarte und sei sich daher Gottes Zorn gewiss. Durch die Predigt des Evangeliums verinnerliche der Heilige Geist dem Menschen diese anklagende Seite des Gesetzes. Melanchthon sah in dieser zweiten Aufgabe stets die wichtigste Funktion des Gesetzes im menschlichen Leben.

Naturrecht

Die ethischen Grundsätze des von Gott gegebenen Rechts, die von jedem Menschen dank seiner Vernunft erkannt werden können, nennt Melanchthon Naturrecht (*lex naturae*). Dieser Begriff besitzt eine sehr lange kirchliche Geschichte, wobei die Ursprünge dieser Lehre sich bis in die griechische Antike zurückverfolgen lassen. In der Gegenwart findet sich die Idee eines allen Menschen zugänglichen vernünftigen Rechts in den Menschenrechten wieder, die von den Vereinten Nationen nach dem Zweiten Weltkrieg deklariert wurden. Zuvor hatte das totalitäre System des Nationalsozialismus völkisches Recht zum natürlichen Recht erklärt, während im Gleichschritt dazu eine völkische Religiosität das christliche Evangelium pervertierte. Einige Kritiker sehen den Ursprung dieser totalitären Lehre bei Melanchthon. Sie behaupten, Melanchthons Rede vom Naturrecht schaffe eine zweite Quelle der Wahrheit, wodurch die Wahrheit der Bibel manipulierbar werde.

An zwei Punkten verfehlt dieser Vorwurf Melanchthons Denken. Erstens betonte er unermüdlich, dass in Fragen der Religion allein die Heilige Schrift Erkenntnisgrund sei und menschliches Denken nur Irrsinn über Gott und sein Wirken fabuliere. Vielmehr noch: Der Verstand werde von der Wahrheit des Kreuzes abgeschreckt. Rein rational könne diese Wahrheit einem Menschen nie einsichtig werden. Wohl räumte Melanchthon in späteren Jahren in Übereinstimmung mit allen scholastischen, humanistischen und reformatorischen Traditionen und Positionen dem menschlichen Verstand die Möglichkeit ein, die Existenz eines Gottes zu denken. Trotz dieser Möglichkeit zur natürlichen Gotteskenntnis werde der Verstand aber an den theologischen Wahrheiten von Sünde, Kreuz und Auferstehung scheitern, da diese nur durch die Predigt des Evangeliums und das Wirken des Heiligen Geistes zu begreifen seien. Zweitens stand für Melanchthon außer Frage, dass das Naturrecht eine Ausdrucksform des göttlichen Rechts – und nicht umgekehrt! – ist. Daher müsse sich jegliches vermeintliche Naturrecht an dem Maßstab des göttlichen Rechts, wie den Zehn Geboten, kritisch überprüfen lassen. Halte es dieser Überprüfung nicht stand, handle es sich nicht um Naturrecht, sondern um menschliche Erfindungen. Blieben bei der Klärung schwieriger Fragen Zweifel, war die Heilige Schrift für Melanchthon der zuverlässigere Zeuge als die logische Argumentation des Verstandes.

Das Naturrecht ist bei Melanchthon eine kritische Instanz im juristischen Sinne, gerade gesellschaftlichen Regeln gegenüber. Er selbst verdeutlichte dies an den Gepflogenheiten der Skythen, die ihre Gäste als Menschenopfer darbrachten, wie der Geschichtsschreiber Herodot zu berichten wusste. Wer Besucher jedoch nicht schütze, sondern opfere und ihnen die Haut abziehe, handle wider das Naturrecht. Da die menschlichen Gesetze jedoch nur dann Gehorsam verdienten, wenn sie mit dem Naturgesetz konform gingen, sei in diesem Fall – wie in anderen auch – ziviler Ungehorsam gefordert. Aus einem zweiten Grund hielt Melanchthon die Möglichkeit der verstandesmäßigen Unterscheidung von Gut und Böse für wichtig, nämlich hinsichtlich der Frage nach dem Rückgriff auf philosophische Traditionen für ethische Themen.

Philosophische Ethik

Im mittelalterlichen Lehrbetrieb wurde üblicherweise im Grundstudium die Morallehre anhand der Nikomachischen Ethik des Aristoteles gelehrt. Luthers theologische Kritik an Aristoteles stellte damit auch die Grundlagen der Morallehre in Frage, ohne dabei die Notwendigkeit einer christlichen Ethik zu bestreiten. Im »Sermon von den guten Werken« (1520) führte er aus, Gott rechtfertige den Menschen zwar aus reiner Barmherzigkeit, freue sich aber über jede gute menschliche Tat. Nicht das moralische Verhalten unterscheide einen Christen von einem Nicht-Christen, denn jeder Mensch könne sich ethisch korrekt verhalten. Der Unterschied liege in der Quelle des Handelns: Ein Christ vollbringe dieses Werk allein aus Glauben und um des Nächsten willen. Wegen dieser gottgewollten Bindung an den Nächsten könne die Theologie sich problemlos über ethische Regeln mit allen Menschen – ob gläubig oder nicht – verständigen.

Melanchthon machte sich diese grenzüberschreitende, der Gesellschaft verpflichtende Aufgabe zu eigen und verfasste nicht nur zahlreiche Gutachten zu ethischen Themen wie Widerstandsrecht, Ehe und Scheidung, sondern leistete auch eine systematische Zusammenschau der Morallehre. Der Dekalog und die Sprüche Salomos begründeten die biblischen Grundlagen einer christlichen Ethik, die Melanchthon, wie bereits dargestellt, in mehreren Ausgaben kommentierte. In seiner biblischen Morallehre unterschied Melanchthon bürgerliche und geistliche Tugenden. Unter Letzteren verstand er Gottesfurcht und Gottvertrauen, wie sie die erste Tafel des Dekalogs forderte. Geistliche Tugenden waren für ihn allein das Werk des Heiligen Geistes. Hingegen sah er die äußerliche Disziplin im Erkenntnisbereich des Verstandes, die wie ein Handwerk erlernt werden könne.

Werden christliche und bürgerliche Gerechtigkeit theologisch ordentlich unterschieden, dann können auch antike Autoren über die bürgerlichen Tugenden befragt werden, da sie dank ihrer Vernunft Gut und Böse erkennen können. Doch welcher der Philosophen soll verwendet werden? Aufgrund der theologischen Kritik an Aristoteles verschwand dieser vom Lehrplan. An dessen Stelle las Melanchthon ab 1524 über Ciceros »Vom pflichtgemäßen Handeln« (*De officiis*), einer praxisorientierten und erprobten Morallehre des täglichen Lebens. In der Studienordnung von 1526 wurde eine Veranstaltung zu Ciceros »De officiis« sodann verbindlich festgeschrieben.

Melanchthon vollzog diesen Schritt bewusst, denn er forderte und formulierte über das theologische Kriterium hinaus weitere Maßstäbe für den Gebrauch antiker Autoren. Er sah genügend Philosophen, die seiner Ansicht nach Unsinniges oder Unübersichtliches von sich gaben. Bei Platon z. B. fänden sich unzählige Weisheiten, jedoch verwische sein Tugendverständnis die Grenzen zwischen christlicher und bürgerlicher Gerechtigkeit, weswegen er unerfahrene Leser zu einer falschen Lehre verführen könne. Die Stoa irre in ihrer Vorstellung, die Tugend sei das einzig Gute, hingegen habe Gott bei der Schöpfung alles, was er geschaffen habe, als gut bezeichnet (Gen 1 31). »Gut« sei also mehr als nur die Tugend. Die Tatsache, dass die Epikuräer die Sterblichkeit der Seele und die Lust als höchstes Gut gelehrt hätten, sei höchst unchristlich und gefährlich. Den Staatsmann Cicero hingegen zeichne ein Doppeltes aus: Zum einen widerspreche seine Ethik nicht der zweiten Tafel des Dekalogs, zum anderen theoretisiere er nicht abstrakt, sondern erkläre aufgrund seiner persönlichen praktischen Erfahrung die sittlichen Pflichten und Forderungen. Die Erfahrung lehrt, was richtig ist – Melanchthon benannte also die empirische Erkenntnis als das zweite Gewissheitskriterium für die weltliche Erkenntnis und somit auch für die Ethik.

Drei Jahre später erschien 1529 Melanchthons erster Kommentar zur aristotelischen Ethik. Der Wandel in der Bewertung des Stagiriten hat, wie bereits ausgeführt, mit der Entfaltung einer wissenschaftlichen Methodenlehre zu tun, die von Luther nie kritisiert wurde. Melanchthon entwickelte ausgehend von seinem Sprachverständnis ein weiteres Gewissheitskriterium, nämlich das logische und zuverlässige Erschließen eines Gedankens. Nicht nur die Praxis, sondern auch die logische Argumentation und Beweisführung prüft und erweist – außerhalb der Theologie – die Richtigkeit einer Erkenntnis.

Aristoteles

Melanchthon kommentierte nicht alle zehn Bücher der Nikomachischen Ethik bzw. alle acht der Politik. Er blieb bei der Auslegung der Bücher wie der Kapitel selektiv und ordnete philosophische Erkenntnis theologischem Denken unter. Immer wieder stellte er seinen Kommentaren ein Kapitel über den Unterschied zwischen Theologie und Philosophie voran, um deutlich zu machen, dass Aristoteles nichts über die christliche Gerechtigkeit lehrte. Außerdem fügte er seinen Kommentaren zahlreiche theologische Korrekturen und Anmerkungen an Stellen ein, an denen Aristoteles mit seinen philosophischen Überlegungen seiner Ansicht nach zu kurz greife. Grundlegende Lernziele der Ethiklektüre waren für ihn Formung der privaten Sitten, Herausbildung der Urteilskraft und vor allem Befähigung zur Staatsführung. Hatte Cicero diese Bereiche in »De officiis« praxisorientiert behandelt, so kam Aristoteles nach Melanchthon das Verdienst zu, transparent zu dokumentieren, wie eine philosophische Ethik zu entwickeln sei. Es handelte sich also nicht um eine Abkehr von Cicero, da das Aristotelesstudium den theoretischen Vorbau zur praktischen Ethik lieferte.

Die Erstauflagen des Aristoteles-Kommentars erschienen zwischen 1529 und 1532. Sie konzentrierten sich auf vier Bücher der Nikomachischen Ethik. Zeitlebens kommentierte Melanchthon nur das erste, zweite, dritte und fünfte Buch, womit er das Ziel bürgerlichen Lebens, die Definition von Tugend, die Problematik der willentlichen Entscheidung und die Formen der Gerechtigkeit abdeckte. Im ersten Buch widmete sich Aristoteles der Frage nach dem höchsten Ziel des menschlichen Lebens. Da dem Menschen – anders als den Tieren – tugendhaftes Verhalten wesenseigen sei, liege des Menschen größtes Glück im tugendhaften Leben. Dabei wollte Melanchthon beachtet wissen, dass Verstand und Theologie unterschiedliche Ziele des Menschen benennen. Christen wüssten, dass sie nicht zur weltlichen Glückseligkeit, sondern zur Ehre Gottes und zur Gotteserkenntnis geschaffen würden. Mit dem zweiten Buch folgte Melanchthon der aristotelischen Definition der Tugend: Wenn der Wille den Forderungen des Verstandes folge und entsprechend handle, werde daraus bei kontinuierlicher Wiederholung der Tat schließlich eine Gewohnheit (*habitus*). Christen wüssten allerdings einzuschränken, dass selbst die beste menschliche Tat sündhaft bleibe, solange sie ohne Gottesliebe geschehe. Bei der Klärung der willentlichen Entscheidung (drittes Buch) betonte Melanchthon, in der philosophischen Ethik werde die Willensfrage nur mit Blick auf die äußerlichen Taten, nicht jedoch vor Gott geklärt. Das fünfte Buch behandelte schließlich die Gerechtigkeit, die in der Ethik lediglich die Frage nach der Gerechtigkeit in der Welt in Bezug auf Verträge, Lohn, Strafmaß etc. thematisiert. Zeitgleich erklärte Melanchthon in seinen Römerbriefkommentaren die Frage nach der Gerechtigkeit vor Gott.

Der aristotelische Kommentar wurde 1550 neu überarbeitet und erlebte noch zu Melanchthons Lebzeiten zwei Neuauflagen. Außerdem veröffentlichte er 1538 eine systematische Darstellung der Ethik, die zuvor schon als Vorlesungsmitschrift zirkulierte. Schließlich erschien 1552 ein kleines Bändchen über einzelne ethische Fragen. Als modern übersetzte Edition liegen nur die ersten beiden Bücher des Kommentars zur Nikomachischen Ethik (1550) vor.

Neben der Ethik kommentierte Melanchthon die aristotelische Politik und veröffentlichte 1530 eine Paraphrase zu den ersten drei Büchern. Darin zitierte er aus dem griechischen Original, da die lateinischen Übersetzungen über lange Zeit den Weg zum rechten Verständnis des Aristoteles verstellt hätten. Wiederum eröffnete er diesen Kommentar mit einem Kapitel zur Unterscheidung von Philosophie und Theologie: Das Evangelium offenbare die geistliche Gerechtigkeit des Menschen, diene jedoch nicht der Errichtung einer christlicher Staatsform. Die Politik hingegen unterrichte über Eigentum, Verträge und Gesetze, die in den Staaten jeweils unterschiedlich ausgeformt sein könnten. So beschäftigte Melanchthon sich mit dem Lehnsdienst, dem Erwerbswesen und der Zinspolitik (erstes Buch), der Frage nach Privateigentum und Güteraufteilung (zweites Buch) sowie mit den unterschiedlichen Staatsformen (drittes Buch). Im Verlauf seiner Erklärung distanzierte er sich immer wieder von den aufrührerischen Bewegungen seiner Zeit und ging mit John Wyclif (ca. 1330–84), mit Schweizer und Straßburger Theologen sowie mit den Täufern und den Päpsten ins Gericht. Alle ereilte die Kritik, dass sie sich in die Geschäfte der Politik einmischen und mit dieser Kompetenzüberschreitung das Funktionieren der gesellschaftlichen Abläufe gefährden würden. In seiner Widmung zum Kommentar dachte Melanchthon diese Arbeit ganz dem Nutzen der Studenten im universitären Lehrbetrieb zu. Doch der Veröffentlichungszeitpunkt verrät eine weitere Absicht. Kurz vor der Eröffnung des Augsburger Reichstages 1530 erschienen, bietet der Kommentar eine Verteidigung der Wittenberger Theologie, die monarchiefreundlich und nicht staatsfeindlich präsentiert wird. Im Gegensatz zu seinen sonstigen Kommentaren überarbeitete Melanchthon seine Arbeit zur aristotelischen Politik nie wieder.

Der dritte Gebrauch des Gesetzes

Wenn nun aber das Gesetz einerseits die äußerliche Ordnung aufrechterhält und andererseits theologisch die Sündhaftigkeit des Menschen aufzeigt, stellt sich die Frage, welche Bedeutung dem Gesetz dann im Leben eines gerechtfertigten Christen zukommt. Johann Agricola bestritt jegliche Funktion des Gesetzes für den gläubigen Menschen. Ende der zwanziger Jahre entbrannte dieser Streit zum ersten Mal zwischen Agricola und Melanchthon; zehn Jahre später war Luther selbst Agricolas Gegner. Agricola war von Luthers Rede über die selbstwachsenden Früchte im Glauben derart beeindruckt, dass er nicht den Gläubigen, sondern nur den Gottlosen das Gesetz eingeschärft sehen wollte. Ihm wird der prägnante Satz zugeschrieben: »Die Zehn Gebote gehören ins Rathaus und nicht auf die Kanzel.« Luther legte gegen diese Gesetzesfeindlichkeit (sog. Antinomismus) leidenschaftlich Protest ein: Auch die Gläubigen bedürften als Gerechte und Sünder zugleich der Predigt des Gesetzes. Denn das Gesetz behalte seine anklagende Funktion und erinnere die Christen ständig daran, dass sie der göttlichen Forderung nicht Genüge leisteten. Darüber hinaus wiesen Gottes Gebote den Christen den Weg zum rechten Tun. Terminologisch gesehen sprach Luther nicht vom dritten Gebrauch des Gesetzes, inhaltlich tat er dies jedoch schon.

Bei Melanchthon findet sich dieser Gedanke der Sache nach ab Mitte der dreißiger Jahre. Im Hintergrund dieser Entwicklung stand jedoch nicht nur die Antinomismusdebatte, sondern auch der römische Vorwurf, dass die protestantische Rechtfertigungslehre ethisches Handeln entbehrlich mache. Im Kolosserkommentar (1534) und den Loci communes (1535) sprach Melanchthon von den drei Aufgaben des Gesetzes. Neben den bürgerlichen und theologischen Aufgaben führte er eine dritte Aufgabe (*tertium officium legis*) für jene an, welche im Glauben gerecht seien: Das Gesetz belehre sie über die guten Werke, welche Gott gefielen und schreibe Gottesgehorsam vor. Später schrieb Melanchthon den dreifachen Gebrauch (*triplex usus legis*) fort. In den Loci theologici von 1559 erklärte er dazu:

Zitat

»Drittens wird von einem Gebrauch des Gesetzes in den Wiedergeborenen gesprochen. Weil die Wiedergeborenen und im Glauben Gerechtfertigten frei sind vom Gesetz, muss dieser Punkt gelehrt werden. Dass sie vom Gesetz befreit sind, meint: Sie sind frei von dessen Fluch und Verurteilung sowie vom Zorn Gottes, welcher im Gesetz aufgestellt wurde, offensichtlich, wenn sie den Glauben bewahren und im Vertrauen auf Gottes Sohn die Sünde bekämpfen und den Schrecken der Sünde besiegen. Dennoch muss aber das Gesetz gelehrt werden, welches die verbleibende Sünde aufzeigt, damit die Erkenntnis der Sünde und die Buße wachse. Daher muss das Gesetz den Wiedergeborenen vorgelegt werden, dass es sichere Werke lehre, in denen Gott uns Gehorsam einübe.« (MWA 2,1, S. 324,20 ff)

Kaum beachtet wurde bisher, dass Melanchthon die Terminologie des dreifachen Gebrauches nicht so stringent benutzte, wie es der Streit um diesen Terminus nahelegt. So fehlte dieser Begriff z. B. im Römerbriefkommentar von 1540. Dennoch brach die Kontroverse darüber erneut nach Luthers Tod in den fünfziger Jahren aus, wie noch zu thematisieren sein wird.

Quellen

Melanchthon, Philipp: Ethicae Doctrinae Elementa et Enarratio. Libri quinti Ethicorum, hg. u. eingel. von Günter Frank, Stuttgart 2008

Unterschidt zwischen weltlicher und Christlicher Fromkeyt (1522)/Der Unterschied zwischen weltlicher und christlicher Gerechtigkeit, in: Melanchthon deutsch Bd. 2, S. 12–16

Literatur

Bauer, Clemens: Melanchthons Naturrechtslehre, in: ARG 42 (1951), S. 64–100

Kern, Bernd-Rüdiger: Philipp Melanchthon als Interpret des Naturrechts, in: Werk und Rezeption Philipp Melanchthons in Universität und Schule bis ins 18. Jahrhundert. Tagung anläßlich seines 500. Geburtstages an der Universität Leipzig, hg. v. Günther Wartenberg (Herbergen der Christenheit, Sonderbd. 2), Leipzig 1999, S. 147–160

Weber, Gottfried: Grundlagen und Normen politischer Ethik bei Melanchthon (TEH NF 96), München 1962

6

Hoffnung auf Einheit der Kirche: Der Weg bis zum Augsburger Reichstag (1530)

»Diesem Übel [der kirchlichen Zwietracht] könnte man dadurch beikommen, dass man aus den Auseinandersetzungen das Unstrittige und Konstruktive herausnimmt. Dann wird nicht viel Ungeklärtes bleiben. Oft zankt man sich nur um Worte und entstellt auf verleumderische Weise Äußerungen anderer, die als solche unanstößig sind.« (Kolosserkommentar 1527, MWA 4, S. 237,28–32)

Die Ausbreitung der Reformation

Die Reform der Theologie war keine rein akademische Frage, denn Luthers theologisches Umdenken gefährdete Lehre und Struktur der römischen Kirche. Aus der Sicht des Papstes war Luthers Theologie Ketzerei, die er entsprechend mit dem kirchlichen Bann belegte. Als die kaiserliche Acht in Worms 1521 folgte, war mit politischen und kirchlichen Rechtsmitteln der Fall geklärt – doch tatsächlich nicht abgeschlossen. Zum einen schützte der Kurfürst von Sachsen seinen Theologen und erlaubte die geregelte Umsetzung kirchlicher Reformen in seinen Landen. Zum anderen hatten die reformatorischen Ideen bereits weite Kreise erreicht. Prediger und Flugschriften stellten dabei wichtige Multiplikatoren dar: In großen Teilen des Reiches (und darüber hinaus) hörten und lasen in den 1520er Jahren Geistliche und Laien, Adlige, Bürger und Bauern vom Protest gegen den Ablasshandel und gegen die römische Kirche. Als Erstes nahmen Reichsritter, Bauern und Reichsstädte die reformatorischen Impulse auf, welche sich zudem gut mit ihren politischen Interessen verbanden.

Aufgrund veränderter gesellschaftlicher Bedingungen kämpften die Reichsritter gegen den sozialen Abstieg und erhofften sich von der Reformation eine Stärkung ihres bedrohten Standes. Zu ihnen zählten Ulrich von Hutten (1488–1523) und Franz von Sickingen (1481–1523). Beide ließen sich das reine Evangelium predigen, empfingen das Abendmahl in beiderlei Gestalt, publizierten reformatorische Flugschriften und gewährten religiös Verfolgten Asyl. Da Sickingens Territorium jedoch vom Erzbistum und Kurfürstentum Trier beengt wurde, erhoffte er sich mit der Verbreitung des Evangeliums auch die Sicherung und Erweiterung seines Herrschaftsgebietes. 1522 zog er zur »Ehre Christi gegen die Feinde der evangelischen Wahrheit« und sagte dem Trierer Erzbischof Richard von Greiffenklau (1467–1531) die Fehde an, wurde jedoch im darauffolgenden Jahr von diesem im Bunde mit Landgraf Philipp von Hessen vernichtend geschlagen und starb an den Folgen seiner Kriegsverletzungen.

Ähnlich erging es der Bauernschaft, die schon seit Jahrzehnten für eine Verbesserung ihrer Lebensumstände kämpfte. In den »Zwölf Artikeln« begründeten sie ihre Forderungen, wie etwa Abschaffung der Leibeigenschaft oder gerechte Zinsabgaben (sog. Zehnte), mit der Bibel. Die Bauern riefen Luther zur Begutachtung ihrer Forderungen auf, so dass dieser ein Gutachten verfasste, das sowohl Bauern wie Fürsten kritisierte. Als die Bauernschaft zur Durchsetzung ihrer Anliegen zu den Waffen griff, eskalierte der Konflikt. Auch Herrscher wandten sich an die Reformatoren mit der Frage, wie mit den sich auflehnenden Bauern umzugehen sei. Melanchthon fertigte ein Gutachten für den Kurfürsten von der Pfalz an. Noch bevor seine Beurteilung den Fürsten erreichte, hatte dieser die aufständischen Bauern bereits blutig niedergeschlagen. So beeinflusste Melanchthons Schrift zwar den Lauf der Ereignisse nicht, dennoch muss festgehalten werden, dass er wenig Verständnis für das Anliegen der Bauernschaft zeigte. Melanchthon erkannte nur einzelne Forderungen der Bauern als berechtigt an. Er kritisierte vor allem ihren fehlenden Obrigkeitsgehorsam, den der Apostel Paulus vorschreibe (Röm. 13). Außerdem würden sie unter dem Schein des Evangeliums mit Waffengewalt Politik betreiben. Auf einer Rückreise nach Wittenberg sah Melanchthon die Verwüstungen, die der Bauernkrieg hinterlassen hatte und die verheerenden Folgen des Aufstandes prägten sich ihm ein.

Erfolgreicher zeigte sich die Reformation hingegen in den meisten Reichsstädten, die rechtlich unmittelbar dem Kaiser unterstellt waren und dadurch eine größere politische Autonomie als die sogenannten Landstädte genossen. Nach reformatorischer Lehre ließ sich das Mönchtum mit seinen Gelübden biblisch nicht begründen. Daraufhin wurden die Klöster aufgelöst und Eigentum beschlagnahmt, was für die Städte einen wirtschaftlichen Gewinn bedeutete. Die Abschaffung der geistlichen Gerichtsbarkeit und der Privilegien bedeutete einen weiteren städtischen Machtzuwachs. Angetrieben wurden die städtischen Reformen meist von Predigern und deren Gemeinden. Bei den Territorialherrschern fand Luthers Reform ebenfalls Zustimmung. So bekannte sich neben dem sächsischen Kurfürsten Johann oder Herzog Ernst von Braunschweig-Lüneburg (1497–1546) auch der Landgraf Philipp von Hessen zur Reformation.

Die Exkommunikation Luthers mit dem Wormser Edikt hatte der Reformation kein Ende gesetzt. Demzufolge entwickelte sich die Glaubensfrage zum innenpolitischen Thema im Reich. Das zentrale Leitungsorgan des Reiches war der unregelmäßig tagende Reichstag, auf dem sich die verschiedenen Reichsstände versammelten und unter der Leitung des Kaisers gemeinsam getragene Beschlüsse zu Themen wie Wirtschaft, Justiz und Landfrieden treffen mussten. In diesem Gremium wurde auch die Glaubensfrage verhandelt. Ab 1523 forderten die Stände ein freies, christliches Konzil zur Klärung des Religionsstreits. Der weiteren Ausbreitung der Reformation kam zugute, dass der Kaiser – streng der römischen Lehre anhängend – lange Zeit auf den Reichstagen persönlich nicht zugegen war. In seiner Abwesenheit wurde er von seinem Bruder Ferdinand, Erzherzog von Österreich und König von Ungarn, vertreten. Dieser verabschiedete auf dem Reichstag in Speyer (1526) ein mehrdeutiges Edikt. Die Gültigkeit des Wormser Ediktes wurde eingeschränkt und das Entscheidungsrecht in Glaubensfragen faktisch auf die einzelnen Reichsstände verlagert: Diese sollten sich so verhalten, wie sie es vor Gott und dem Kaiser verantworten konnten. Sowohl die römische als auch die reformatorische Seite stützte ihre eigene Position auf diese Formulierung. Der Glaubensstreit war also weder theologisch noch politisch geklärt. Beide Dimensionen dieses Problems beschäftigten Melanchthon intensiv.

Die Klärung des Kirchenstreits

Wie bereits dargelegt, war Melanchthon überzeugt davon, dass die Sprache und die Vernunft unter Mitwirkung des Heiligen Geistes den Schlüssel zum Verständnis der Schrift darstellten. Da der Kirchenstreit auf theologische Wurzeln zurückging, mussten Sprache, Vernunft und Bibelstudium auch der Schlüssel zur Lösung der kirchenpolitischen Probleme sein. Ab Mitte der zwanziger Jahre formulierte Melanchthon den Standpunkt, ein wissenschaftlich abgesichertes Gespräch auf biblischer Basis werde eine Klärung der Konflikte bringen und somit die Einheit der Kirche sichern. Dabei setzte er seine Hoffnungen ganz konkret auf das Zustandekommen eines Religionsgespräches, bei dem alle Parteien an einen Tisch kommen, die zentralen Themen wie Rechtfertigung oder Abendmahl erörtern und klären sollten und somit der unerträgliche Streit in der Kirche ein Ende finden würde.

Die Einberufung eines solchen Gespräches lag nicht in Melanchthons Macht. Er zeigte aber nach allen Seiten hin das Wittenberger Interesse an einem Dialog. So präsentierte sich Melanchthon gesprächsoffen und suchte in Briefen und wissenschaftlichen Erörterungen den Meinungsaustausch mit römischen Humanisten wie Hermann von Neuenahr oder Johannes Caesarius (1468–1550). Außerdem wandte er sich mit den Widmungen zu seinen neuen Büchern gezielt an zentrale Figuren aus Politik und Kirche, damit diese die Klärung der Religionsfrage fördern würden. Melanchthons Gesprächsbereitschaft ist jedoch nicht zu verwechseln mit findiger Diplomatie oder gar mit Wankelmütigkeit. Sein Wille zum Dialog war getragen von der Überzeugung, dass eine vernünftige Sachanalyse auf biblischem Fundament, frei jeglicher Streitsucht, die beteiligten Parteien gemeinsam zur Wahrheit führen werde. In den Jahren bis zum Augsburger Reichstag setzte Melanchthon sich daher leidenschaftlich für die Einheit der Kirche und den Frieden im Reich ein.

Grenzen der Gesprächsbereitschaft

Wo aus Unkenntnis der Sprache falsche Argumentationen und Meinungen erwachsen würden, könne ein Gespräch Klärung bringen, so Melanchthon. Allerdings setzte er keine uneingeschränkte Hoffnung in einen Dialog. Im Rahmen der Visitationsreisen grenzte Melanchthon sich erstmals deutlich ab: Wo sich Theologen auf spezielle, der Schrift widersprechenden Offenbarungen beriefen und wo anstelle der Heiligen Schrift dem Verstand gefolgt werde, war für ihn die Grenze der Gesprächsbereitschaft erreicht.

Das Kardinalbeispiel der zeitgenössischen Irrlehre (Häresie) sah er in der Person des Zwickauers Nikolaus Storch, den er als Urheber allen Übels benannte. Storch habe sowohl Thomas Müntzer (1489–1525) als auch Karlstadt angesteckt. Wenn auch dieser Vorwurf aus moderner Sicht nicht haltbar ist, bemühte sich Melanchthon aufzuzeigen, dass alle drei dieselbe geistige Abstammung teilten. Seiner Meinung nach folgten Storch und Karlstadt, wenn sie sich Christus beim Abendmahl nicht gleichzeitig im Himmel und auf Erden vorstellen könnten, ihrem Verstand und nicht der Heiligen Schrift. Überdies wollten Storch und Müntzer eine Gemeinde der Gläubigen nach biblischem Vorbild errichten – ein Vorbild, das nicht existiert, da ein bürgerliches Reich nach Christi Regeln den Zeugnissen der Heiligen Schrift widerspricht. Diese beiden Argumentationsgänge bedeuteten für Melanchthon Keimzellen von Unruhe, Aufruhr und schlimmstenfalls gewalttätigen Ausschreitungen wie dem Bauernkrieg. Der sonst so differenziert argumentierende Melanchthon formulierte damit eine Generalkritik, die auch andere Lehren ereilte. Darunter fielen ihm zufolge auch die Täufer, welche eine Gläubigentaufe praktizierten, die polemisch als Wiedertaufe bezeichnet wurde.

Auf den Visitationen begegnete Melanchthon derartigen Irrlehren vor Ort und setzte beim Umgang mit einzelnen Menschen auf Einsicht und Belehrung – denn Häresie stellte für ihn letztlich die Folge schlecht gebildeter Gemeinden und Pfarrer dar. Kamen die Irrenden jedoch nicht zur Einsicht, fürchtete Melanchthon, dass diese weitere Menschen verführen und somit deren Seelenheil gefährden könnten. Diese Sorge veranlasste ihn, bei fortgesetzter Uneinsichtigkeit der Irrenden deren Bestrafung in Form eines Landesverweises zu unterstützen. Als auf dem Reichstag 1529 die Todesstrafe für die Wiedertaufe im weltlichen Recht festgeschrieben wurde, widersprachen die Wittenberger nicht. Später unterstützte Melanchthon die Hinrichtung von Aufrührern und Gotteslästerern sogar.

Der Speyerer Reichstag von 1529

Aufgrund der außenpolitischen Bedrohung durch die Türken bedurfte König Ferdinand der finanziellen Unterstützung durch die Reichsstände und berief diese zu einem Reichstag nach Speyer. Dort sollte auch der noch immer schwelende Glaubensstreit verhandelt werden. In Vorbereitung dieses Reichstages erteilte der Kurfürst Johann von Sachsen im Februar 1529 Melanchthon den offiziellen Auftrag, ihn als theologischer Berater zu begleiten. Damit eröffnete er Melanchthon einen neuen Wirkungsbereich auf reichspolitischer Ebene. Die Briefe des Reichstags belegen, dass Melanchthon einen klaren Blick für die politische Wirklichkeit hatte. So schrieb er im März an seinen Freund Joachim Camerarius:

Zitat

»Heute […] wurde die kaiserliche Proposition verlesen, ganz und gar schrecklich. Das Dekret des Speyerer Reichstags von vor gut zwei Jahren wurde zurückgenommen. Unermesslich große Strafen werden denen auferlegt, die dem neuen Edikt nicht gehorchen wollen. … Du

kannst leicht sehen, wie sehr wir uns in Gefahr befinden. Niemals gab es eine so große Anzahl von Bischöfen bei irgendeiner Versammlung, wie sie jetzt vorhanden ist. Und freilich zeigen sie mit ihrer Miene, wie sie uns hassen und was sie gegen uns in Werk setzen wollen.« (MBW.T 3, S. 456,1 ff, Nr. 760)

Neben seinem Briefwechsel belegen zwei weitere Dokumente Melanchthons Aktivitäten auf dem Reichstag. Während der Verhandlungen veröffentlichte er zwei Vorreden. Er widmete seine noch unvollständige Römerbriefauslegung dem Grafen Hermann von Neuenahr und König Ferdinand einen Danielkommentar, der noch nicht geschrieben war. Wenn der sonst so auf Perfektion bedachte Melanchthon Widmungen zu unvollendeten bzw. gar nicht geschriebenen Werken veröffentlichte, dann werden ihn die politischen Umstände gedrängt haben, nicht länger damit zu warten.

Mit der Widmung des Römerbriefes wandte sich Melanchthon an einen Kölner Humanisten, mit dem ihn ein gemeinsames Verständnis der Dialektik verband. In seiner Römerbriefexegese zeigte er auf, dass dieser gemeinsame Sprachansatz, auf den paulinischen Brief angewendet, direkt zur sachgemäßen Rechtfertigungstheologie führe. Melanchthon wird damit die Hoffnung verbunden haben, Hermann von der Rechtgläubigkeit der Wittenberger Theologie zu überzeugen und ihn für das reformatorische Lager zu gewinnen. Da Hermann zum Gefolge des Erzbischofs von Köln gehörte, hätte diese Überzeugungsarbeit im günstigsten Falle eine Einflussnahme auf den Erzbischof Hermann von Wied (1477–1552) bewirken können. Mit seiner zweiten Widmung wandte sich Melanchthon an den Bruder des Kaisers und wies Ferdinand auf dessen königliche Pflichten hin. Er erinnerte ihn an seine herrschaftlichen Aufgaben der Friedenssicherung, an den naturrechtlichen Grundsatz des Anhörungsrechts beider Seiten und an das schon seit Langem geforderte Konzil. Denn, so Melanchthon, nicht die Unterdrückung durch Edikte, sondern allein ein Religionsgespräch könne den Frieden im Reich wahren und die Einheit der Kirche wiederherstellen.

Direkte Reaktionen der Adressaten beider Widmungen sind nicht bekannt, auch den Verlauf des Reichstages beeinflussten sie nicht. Schließlich wurde in Speyer die Wiedereinsetzung des Wormser Edikts verabschiedet, woraufhin mehrere Fürsten und Reichsstädte ein Protestschreiben (*protestatio*) verfassten und die ungehinderte Ausbreitung des evangelischen Glaubens forderten. Auch wenn Ferdinand diese »*protestatio*« nicht annahm, so wurde sie doch namensgebend für die Anhänger der Reformation. Vom Ausgang des Reichstages ließ Melanchthon sich in seiner Hoffnung auf Klärung des Kirchenstreits nicht irritieren, da die Wiederherstellung der kirchlichen Einheit seiner Einschätzung nach noch im Bereich des Möglichen lag. In den folgenden Monaten verfolgte er seine Anliegen weiter und arbeitete an einer wissenschaftlichen Darlegung der protestantischen Lehre als Klärungsgrundlage der theologischen Differenzen.

Der Weg nach Augsburg

Die protestantischen Stände antworteten auf den Ausgang des Speyerer Reichstages in zweierlei Weise. Zum einen reagierten sie auf die drohende Gefahr der Glaubensunterdrückung mit einem Schutzbündnis. Zum anderen sandten sie ein Appellationsgesuch an den Kaiser in Spanien, durch das eine Aussetzung des Wormser Edikts und eine Anhörung bezüglich der Religionsfragen erwirkt werden sollte.

Noch am Tag des Reichstagsabschieds in Speyer (22. April 1529) schlossen Kursachsen und Hessen mit den Reichsstädten Straßburg, Nürnberg und Ulm ein Bündnis und sicherten sich dadurch die gegenseitige Hilfeleistung im Falle eines Glaubenskrieges zu. Gegen das Wormser Edikt einte sie ihr religiöses Verständnis, allein »am göttlichen Wort« festzuhalten; eine Bekenntniseinheit jedoch war damit nicht erreicht und sollte letztlich an unterschiedlichen Interpretationen des Abendmahls scheitern – das Bündnis hatte keinen Bestand. Wie auch Luther verneinten die Straßburger die Wandlung der Elemente, bestritten aber mit Zwingli auch die leibliche Gegenwart Christi im Sakrament und standen damit im Widerspruch zu Luthers Lehre. Ein Bündnis ohne Bekenntniseinheit lehnten die Wittenberger Theologen jedoch ab, da dies im Ernstfall die Verteidigung falscher Glaubenssätze bedeuten würde. Sollte eine Allianz also Bestand haben, mussten die theologischen Differenzen aus dem Weg geräumt werden. In Vorbereitung auf diese Einigungsgespräche formulierten die Wittenberger im Verlauf des Sommers ein gemeinsames Bekenntnis (die sog. Schwabacher Artikel), als dessen Hauptautor Melanchthon gilt. Den weiteren Verhandlungsprozess beschleunigten Nachrichten des Kaisers, der die Appellationsgesandtschaft gefangen gesetzt hatte und der protestantischen Minderheit nachdrücklich befahl, dem Speyerer Beschluss von 1529 Folge zu leisten. Zur Triebkraft der Bündnisbestrebungen wurde der Landgraf Philipp von Hessen, der im Oktober 1529 zu einem theologischen Gespräch über das Abendmahl nach Marburg (Hessen) einlud, während im kursächsischen Schleiz über das politische Bündnis verhandelt wurde.

Im sog. Marburger Religionsgespräch wurden viele Gemeinsamkeiten herausgearbeitet und in den sog. Marburger Artikeln (Art. 1–14) festgeschrieben. Jedoch gelang es nicht, einen tragenden Kompromiss in der Abendmahlsfrage (Art. 15) zu finden. Wortführer der Verhandlung waren vor allem Luther und Zwingli, während sich die anderen Teilnehmer – darunter auch Melanchthon – kaum zu Worte meldeten. Allerdings entstand ein Privatgespräch zwischen Zwingli und Melanchthon, in dem sich einige Differenzen klären ließen. Diese Unterredung verfestigte indes Melanchthons Urteil, dass Zwingli in seiner Abendmahlslehre nicht dem Schriftzeugnis (1. Kor. 11 24f), sondern seinem eigenen Kopf folge. Die leibliche Gegenwart Christi beim Abendmahl zu bestreiten, wertete er als eine Erdichtung des menschlichen Verstandes.

Außerdem bestätigte ihm der Schweizer einen anderen Verdacht, denn Zwingli gestand, seine Abendmahlslehre von Erasmus gelernt zu haben. Schon länger benannte Melanchthon niemand anderen als Erasmus von Rotterdam als Urheber vieler Probleme. In einem Brief an Joachim Camerarius schrieb er im Juli 1529:

Zitat

»Sieh, wie groß die Urteilskraft unserer Gegner ist. Sie lieben Erasmus, der die Samen vieler gefährlicher Lehren in seine Bücher gestreut hat, die freilich bei weitem schwerwiegendere Unruhen hervorgerufen hätten, wenn Luther sich nicht erhoben und die Bemühungen der Menschen anderswohin gezogen hätte. Die ganze Tragödie des Abendmahls geht auf ihn zurück. […] Welche Aussage in seinen Büchern über die Rechtfertigung oder die Obrigkeit ist einem christlichen Manne würdig? Ich verlange von großen Männern eine sachgerechte Darstellung dieser Themen.« (MBW.T 3, S. 550,31–551,38, Nr. 807)

Nicht Luther sei der Aufrührer, so Melanchthon, sondern Erasmus! Hätte Luther nicht eingegriffen, wären aus Erasmus' Lehren noch viel schlimmere Aufstände entstanden. Die Werke des Rotterdamers enthielten gemäß Melanchthon zahlreiche gefährliche Gedanken und genügten darüber hinaus nicht einmal den sprachlichen Anforderungen einer wissenschaftlich präzisen Darstellung. Für Melanchthon war es gerade diese Wissenschaftlichkeit, die auf dem Weg zu einer Einheit der Kirche dringend nötig war.

Zwischen den Reichstagen in Speyer und in Augsburg stellte Melanchthon sich der Herausforderung einer wissenschaftlichen Auseinandersetzung mit allen zur Diskussion stehenden Themen. Innerhalb weniger Monate erschienen aus seiner Feder allein fünf Bücher, die sich inhaltlich mit den zentralen Fragen des Abendmahls, mit der Rechtfertigung und mit der Obrigkeit auseinandersetzten. Er veröffentlichte eine neu überarbeitete Dialektik, Kommentare zur aristotelischen Ethik und Politik, eine Abendmahlsschrift und einen Kommentar zum Römerbrief, der als evangelische Methodenlehre argumentativ im Brennpunkt seines Denkens stand.

Der Reichstag in Augsburg

Aufgrund der nicht zu überbrückenden Differenzen scheiterten die protestantischen Bündnisverhandlungen zur Jahreswende 1530 endgültig. Die Kluft war derart groß geworden, dass man sich nicht einmal mehr zu einer weiteren gemeinsamen Appellation an den Kaiser entschließen konnte. Inmitten dieser Unstimmigkeiten traf die Reichstagsausschreibung ein, die neben der Bedrohung durch die Türken eine gütliche Einigung im Glaubensstreit zum wichtigsten Verhandlungsziel erklärte. Der versöhnliche Ton suggerierte die Bereitschaft des Kaisers, eine verständigungsorientierte Lösung anzustreben. Melanchthon sah in dem anberaumten Reichstag die lang ersehnte Gelegenheit zu einem Religionsgespräch, das möglicherweise eine friedliche Einigung herbeiführen würde.

Auch Kurfürst Johann verfolgte diesen Weg der Friedenspolitik. Die Behandlung politischer Fragen – wie die ausstehende Belehnung mit der Kurwürde – gab er in die Hände seiner Räte, während er die Verteidigung der kursächsischen Kirchenreform seinen Wittenberger Theologen überließ. Zwecks genauer Absprache bat Johann diese in seine Residenz nach Torgau, wohin Melanchthon vermutlich alleine reiste. Er brachte eine theologische Stellungnahme zu den vollzogenen Kirchenreformen mit, die in Torgau bedacht wurden. Der Wortlaut dieser sog. Torgauer Artikel kann allerdings heute nicht mehr eindeutig rekonstruiert werden. Noch bevor Melanchthon in Torgau ankam, hatte der Kurfürst bereits einen Geheimgesandten, den kursächsischen Marschall und Rat Hans von Dolzig (ca. 1485–1551), auf den Weg geschickt, um dem Kaiser seine reichspolitische Loyalität und kirchliche Integrität zu versichern. Doch diese Mission (sog. Dolzig-Affäre) scheiterte, wovon der Kurfürst erst erfuhr, als er bereits in Augsburg auf die Eröffnung des Reichstages wartete. Luther, der die kursächsischen Lande zu seiner eigenen Sicherheit nicht verlassen durfte, musste den Verlauf von der Veste Coburg aus verfolgen, während Melanchthon in Augsburg als theologischer Hauptakteur der Kursachsen handelte.

Aus späterer Sicht ist Melanchthons Verhalten auf dem Reichstag als selbstverleugnende Friedensbereitschaft kritisiert worden, weil er angeblich zu nachgiebig in den Lehrfragen verhandelt habe. Wer den Theologen so verurteilt, übersieht, dass er auf dem Reichstag als kurfürstlicher Ratgeber agierte und nicht etwa Politik auf eigene Faust betrieb. In diesem Licht sind auch die sogenannten Sonderverhandlungen Melanchthons zu deuten, die er im Juni 1530 u.a. mit dem kaiserlichen Sekretär Alfonso Valdés (ca. 1490–1532), mit Erzbischof Albrecht von Mainz und mit dem päpstlichen Legaten Lorenzo Campeggio (1474–1539) führte. Melanchthon bewegte sich dabei innerhalb desselben Verhandlungsspielraums wie die kurfürstlichen Räte: Um den Frieden der Kirche und des Reiches zu wahren, seien die Protestanten zur Unterordnung unter die bischöfliche Jurisdiktion bereit, wenn der Laienkelch, die Priesterehe und die Reform der Messe zugestanden würden. Die Reform der Messe war um der Rechtfertigungslehre willen unaufgebbar. Der Gesprächsverlauf entwickelte sich für Melanchthon weniger erfolgsversprechend – er war entmutigt. Die Verhandlungsstrategie des Kurfürsten scheiterte bei seinen politischen Räten ebenso wie bei seinem Theologen. So schrieb Melanchthon an Luther, unter dem Einfluss des Legaten Campeggio sei zu befürchten, dass auf die Wiedereinsetzung der alten Bräuche hingearbeitet werde. Zudem sei vonseiten des Mainzer Erzbischofs keine Hilfe zu erwarten und die verhandlungsbereiten Fürsten würden aus den Gesprächen ausgeschlossen.

Ebenso differenziert ist die Kritik an der angeblichen »Leisetreterei« Melanchthons auf dem Reichstag zu betrachten. Wohl handelt es sich hierbei um einen Begriff, den Luther verwendete und der sich auf die Beurteilung der von Melanchthon in Augsburg verfassten Bekenntnisschrift (*Confessio Augustana*) bezog. Allerdings ist höchst fraglich, ob Luther ihn überhaupt kritisieren wollte, denn von »sanft und leise treten« sprach er im Kontext eines positiven Gesamturteils. Inhaltlich und theologisch stand Luther voll und ganz hinter seinem Kollegen und der offiziellen Bekenntnisschrift in Augsburg. An einem Punkt jedoch gingen Luthers und Melanchthons Meinungen auseinander. Luther selbst betonte von der Veste Coburg aus, das Christusbekenntnis der Protestanten werde lediglich Kritik hervorrufen, so wie der Eckstein von Bauleuten verworfen worden sei (Ps. 118 22). Der Reichstag könne bestenfalls politischen Frieden beschließen. Melanchthon hingegen erhoffte sich von den Augsburger Religionsgesprächen Einheit und Frieden. Sachgerechte theologische Auseinandersetzung führte für ihn zu beiderseitiger Einsicht und folglich zum Einverständnis. Melanchthon ging bis an die Grenzen dieses Ideals, wenn er in immer neuen Anläufen die Gespräche mit der anderen Seite suchte und dabei nicht nur von den anderen forderte, dass sie einlenkten und einsahen. Die Tatsache, dass der Reichstag nicht nur ein Forum der theologischen Wahrheitssuche, sondern auch eines der politischen Fragen und Zwänge war, unterschätzte oder übersah Melanchthon.

Die Augsburger Konfession

Die Entstehungsgeschichte der Augsburger Konfession ist in ihren historischen sowie textgeschichtlichen Details kompliziert und umstritten. Anfänglich dachte der Kurfürst offenbar nur an eine Verteidigungsschrift, die sich auf die in den Visitationen erzielten praktischen Kirchenreformen konzentrierte. Schließlich war die Anfechtung und das Verbot der vorgenommen Reformen auf dem Reichstag zu erwarten. Um die sächsischen Kirchenreformen als evangeliumsgemäß zu rechtfertigen, schrieb Melanchthon also die Torgauer Artikel fort und stand währenddessen im engen Austausch mit Luther.

Vor allem zwei Ereignisse scheinen es nötig gemacht zu haben, nicht nur eine Reformapologie, sondern ein umfassendes Bekenntnis evangelischen Glaubens zu formulieren. Anfang Mai erschienen Johann Ecks »404 Artikel«, in denen er pauschal und ohne jede Differenzierung Luther, Zwingli, Taufgesinnte u. a. als ketzerische Einheit verurteilte. Als nur wenige Tage später den Kurfürsten die Nachricht über das Scheitern der sog. Dolzig-Affäre erreichte und auch Melanchthons Verhandlungen ohne Erfolg blieben, wurde offensichtlich, dass die gesamte Wittenberger Theologie dargestellt und verteidigt werden musste. Das kursächsische Bekenntnis benötigte folglich eine umfassendere Form als anfänglich geplant. Für die Darlegung der theologischen Position konnte Melanchthon auf die Vorlagen der Schwabacher und Marburger Artikel zurückgreifen. Die grundlegenden Ausführungen über Glauben und Lehre (Teil 1) stellte Melanchthon der Verteidigung der praktischen Reformen (Teil 2) voran – die charakteristische Doppelgestalt des Bekenntnisses war damit geschaffen.

Eine zweite Veränderung durchlief die Bekenntnisschrift. Sie entwickelte sich von einem rein kursächsischen zu einem umfassenderen, auf protestantische Integration bedachten Bekenntnis. Als die Ankunft des Kaisers auf dem Reichstag die Lage der protestantischen Stände verschärfte, bildeten diese eine gemeinsame Abwehrfront. Denn die kaiserlichen Forderungen, an der Fronleichnamsprozession teilzunehmen sowie die Erneuerung und strikte Durchführung des Predigtverbotes machten deutlich, dass Karl V. keinerlei reformatorische Änderungen dulden und strikt am römischen Traditionsgut festhalten würde. Damit das bis dahin formulierte Bekenntnis von den Protestanten gemeinsam getragen werden konnte, sichtete Melanchthon verschiedene Schriftstücke, wie etwa den Ratschlag der Nürnberger Prediger, und arbeitete sie im Zuge der Endredaktion ein. Die Streitigkeiten in der Abendmahlslehre führten dazu, dass die Confessio Augustana (abgekürzt CA) kein Einheitsbekenntnis des gesamten reformatorischen Lagers wurde. Die oberdeutschen Reichsstädte Straßburg, Konstanz, Lindau und Memmingen formulierten daher ihr »Vierstädtebekenntnis« (*Confessio Tetrapolitana*) und Zwingli ließ dem Kaiser seine Rechenschaft des Glaubens (*Fidei ratio ad Carolum V.*) zukommen. Am 25. Juni 1530 trug der kursächsische Kanzler und Rechtsgelehrte Christian Beyer (1482–1535) die deutsche Version des Augsburger Bekenntnisses Kaiser Karl V. und den Kurfürsten des Reiches vor. Der Kaiser verstand allerdings kein Deutsch und so übergab ihm Kanzler Gregor von Brück (1484–1557) auch eine lateinische Ausfertigung. Brück schrieb zudem die meisterlich diplomatische Vorrede des Bekenntnisses.

Die CA umfasst insgesamt 28 Artikel. Der erste Teil (Art. 1–21) lässt sich mit der Überschrift »Artikel des Glaubens und der Lehre« umschreiben. Melanchthon versuchte aufzuzeigen, dass in der reformatorischen Lehre keine Abweichung von der Schrift oder von der katholischen Kirche festzustellen sei und der ganze Streit nur wenige Missbräuche betreffe. Besonders bedeutsam waren die Artikel über die Rechtfertigungslehre (Art. 4) und die Kirche (Art. 7), welche den zentralen reformatorischen Standpunkt prägnant zusammenfassten.

Zitat

»[Art. 4] Weiter wird gelehrt, dass wir Vergebung der Sünde und Gerechtigkeit vor Gott nicht durch unser Verdienst, Werk und Genugtuung erlangen können, sondern dass wir Vergebung der Sünde bekommen und vor Gott gerecht werden aus Gnade um Christi willen durch den Glauben, nämlich wenn wir glauben, dass Christus für uns gelitten hat und dass uns um seinetwillen die Sünde vergeben, Ge-

rechtigkeit und ewiges Leben geschenkt wird.« (Bekenntnisschriften, S. 56)
»[Art. 7] Es wird auch gelehrt, dass allezeit eine heilige, christliche Kirche sein und bleiben muss, die die Versammlung aller Gläubigen ist, bei denen das Evangelium rein gepredigt und die heiligen Sakramente laut dem Evangelium gereicht werden. Denn das genügt zur wahren Einheit der christlichen Kirche, dass das Evangelium einträchtig im reinen Verständnis gepredigt und die Sakramente dem göttlichen Wort gemäß gereicht werden.« (Bekenntnisschriften, S. 61)

Im zweiten Teil (Art. 22–28) der Bekenntnisschrift wurden die »Artikel von welchen Zwiespalt ist« aufgelistet und erläutert. Dabei wurden allerdings manche wichtige Streitfragen, wie z. B. nach dem Papsttum, stillschweigend übergangen. Auch das Schweigen ist eine Aussage und es schmälert nicht die Bedeutung dieser Schrift. In der CA fasste Melanchthon kompakt und präzise zusammen, was christlich, evangelisch und katholisch ist. Diese gelungene, die Zeiten überdauernde Zielsetzung erweckt den Eindruck von »Samtpfoten«, mit denen die Rechtgläubigkeit der reformatorischen Theologie gelehrt und die bis heute wichtigste reformatorische Bekenntnisschrift verfasst wurde.

Der weitere Verlauf des Reichstages

Die Vermengung von theologischen und politischen Themen auf dem Reichstag entwickelte sich für die Kursachsen Ende Juli zu einem dramatischen Konflikt, als der Kurfürst aufgefordert wurde, unter Preisgabe der CA die Einlösung seiner weltlichen Anliegen zu erkaufen. Der kaiserliche Schachzug war geschickt, denn die Ablehnung dieses Angebotes hätte für Johann den Verlust der Kurwürde bedeutet. Dem Ratschlag Melanchthons folgend, antwortete der Landesherr mit einer erneuten Bitte um die Erfüllung der weltlichen Anliegen. In der Religionsfrage sei er jedoch an sein Gewissen gebunden. Unter Bezugnahme auf die Ausschreibung bitte er erneut um Vergleichsverhandlungen oder um die Vertagung bis zu einem Konzil.

Am 3. August wurde die kaiserliche Widerlegung (*Confutatio*) der CA verlesen, ein schriftliches Exemplar wurde den Protestanten jedoch nicht vorgelegt. Melanchthons Urteil über die »Confutatio« ist eindeutig: Sie sei lächerlich, unwissenschaftlich und noch schlimmer als alles, was sich die Gegner in der letzten Zeit an schlechten Büchern geleistet hätten. Die Gegenseite ließ sich in Melanchthons Augen nicht auf die notwendige wissenschaftliche Absicherung der Theologie ein, wie er sie selbst mit der CA und zuvor in seinem Römerbriefkommentar vorgelegt hatte. Damit disqualifizierten sie für Melanchthon ihre theologische Position. Da der Kaiser jedoch die Annahme der »Confutatio« durch die Protestanten verlangte, machte Melanchthon sich an die Arbeit, die protestantische Position gegen die Vorwürfe zu verteidigen. In Zusammenarbeit mit Johannes Brenz sowie den kursächsischen Theologen Justus Jonas und Georg Spalatin entstand eine Apologie der Augsburger Konfession (*Apologia Confessionis Augustanae*), die im Aufbau der CA glich, jedoch insgesamt erheblich umfangreicher war.

Parallel liefen weitere Verhandlungen. Die katholischen Stände wählten aus ihrer Mitte den sog. Großen Ausschuss, eine siebzehnköpfige Delegation von Kurfürsten und Fürsten, die mit den Protestanten Kontakt aufnahmen, um sie zur Annahme der »Confutatio« zu bewegen. Als alle dahingehenden Versuche scheiterten, ging man an neue Vergleichsgespräche. Aufgrund der Mitgliederzahl der Delegationen beider Parteien werden diese als sog. »Vierzehner-Ausschuss« und nach der Reduzierung auf jeweils drei Mitglieder als sog. »Sechser-Ausschuss« bezeichnet. Melanchthon arbeitete in beiden Ausschüssen. Dabei wurden theologisch zwar weitreichende Übereinkünfte erzielt, doch blieb diesen jeglicher Erfolg versagt, da die Verhandlungen weitgehend am Kaiser vorbei und ohne die Macht zur Umsetzung durchgeführt wurden. Melanchthon klagte in dieser Zeit zunehmend über die politischen Verstrickungen, welche die theologischen Beratungen behinderten. Er selbst wurde ohne jede Instruktion von seinem Fürsten in die Gespräche geschickt; damit war er zwar im Gespräch frei, doch blieb er ohne politische Absicherung.

Zeitgleich verhandelte nämlich der Kaiser über die Wahl Ferdinands zum König des Römischen Reiches. Als diese Verhandlungen über die Königswahl abgeschlossen waren, hatte Karl V. ein wichtiges Ziel des Reichstags erreicht. Ein Entgegenkommen in der Religionsfrage war nunmehr politisch nicht mehr nötig. Im September leitete der Kaiser einen scharfen politischen Kurs gegen die Protestanten ein und verweigerte die Annahme der Apologie der CA. Daraufhin verließ Kurfürst Johann mit seinem Gefolge schon vor dem offiziellen Ende der Verhandlungen die Stadt Augsburg. Nur wenige kursächsische Räte blieben für die restlichen Verhandlungstage zurück. Im November 1530 wurden die Religionsverhandlungen abgebrochen und der Reichsabschied setzte das Wormser Edikt mit all seinen Konsequenzen wieder in Kraft.

Reaktionen auf den Reichstag

Die Augsburger Fassung der Apologie nahmen die Kursachsen mit nach Wittenberg, um sie dort für den Druck vorzubereiten. An der lateinischen Ausgabe arbeitete Melanchthon weiter, während die übrigen kursächsischen Theologen die Endredaktion der deutschen Fassung übernahmen. Die gesamte Textgeschichte von ihren Anfängen in Augsburg bis zu ihrer Veröffentlichung ist dementsprechend komplex.

In Augsburg hatte Melanchthon mit den anderen Theologen an einer Apologie geschrieben, die als Notbehelf bei einem vorzeitigen Reichstagsabschied hätte verwendet werden können. Mit der Rückkehr nach Wittenberg veränderte er diese Vorlage zu einer Erwiderung auf den Reichstagsabschied. Als ihm im November 1530 schließlich eine schriftliche Fassung der römischen »Confutatio« vorlag, verwarf er seine Vorarbeiten und begann mit einer neuen Ausarbeitung einer gründlichen Widerlegung seiner Gegner. Als Ergebnis erschien in kleiner Auflage die Apologie (abgekürzt AC) zusammen mit der CA im Frühjahr 1531. Aufgrund des Buchformats wird diese Fassung der AC als Quartausgabe bezeichnet. Melanchthon empfand sein Werk als unzureichend und veröffentlichte ein halbes Jahr später eine verbesserte Fassung, die sog. Oktavausgabe. Diese Version ist von beeindruckender Klarheit – frei von Samtpfoten. Die Apologie blieb unverändert bis zu Melanchthons Tod in Geltung und erlebte zahlreiche Nachdrucke.

Inhaltlich war Melanchthon in der Quartausgabe insbesondere mit der Darstellung der Rechtfertigungslehre unzufrieden. Seine Formulierungen sah er nur als Provisorium an und forderte Freunde auf, kritisch gegenzulesen und ihm Korrekturen vorzuschlagen. Luther beschäftigte sich in dieser Zeit intensiv mit den Fragen der Rechtfertigung, so dass beide in einem echten Lern- und Austauschprozess standen, dessen Ergebnisse Melanchthon in die Oktavausgabe einarbeitete. Die Artikel 4–6 (und 20) über die Rechtfertigung gestalteten sich dementsprechend ausführlich. Anhand von vielen Schriftbelegen, Verweisen auf die Kirchenväter und gründlicher Auseinandersetzung mit der Spätscholastik begründete und entfaltete Melanchthon den »gratis« Charakter der Rechtfertigung sowie das reformatorische Verständnis der Exklusivpartikel »allein aus Glauben« (*sola fide*).

Parallel zu der theologischen Arbeit fielen grundlegende politische Entscheidungen. Bereits auf der Rückreise vom Reichstag erklärte der Kurfürst seinen neuen politischen Kurs. Nachdem die Verhandlungen gescheitert waren, suchte er ein protestantisches Schutzbündnis, ohne

Abb. 4: Titelseite der CA und Apologie
(Bildnachweis: Melanchthonhaus Bretten)

sich dabei von theologischen Einwänden oder Bekenntnisdifferenzen abbringen zu lassen. Dabei half ihm ein Gutachten seiner Juristen. Darin hielten sie fest, dass der Kurfürst sich gegen den Kaiser wehren dürfe, da Karl V. nicht als rechtmäßiger Richter für Religionsfragen anzusehen sei. Daher sei der Reichstagsbeschluss als ungerechte Gewalt zu werten und Widerstand erlaubt. Entgegen ihrer vorherigen Meinung billigten die Wittenberger Theologen dieses juristische Gutachten, da ihrer Ansicht nach auf der Ebene des geschriebenen, weltlichen Rechts argumentiert werde, über welches Theologen nicht zu urteilen hätten. Zudem wurde Melanchthon aus dem gesamten Verlauf der Bündnisverhandlungen weitestgehend ausgeschlossen. Nach dem Reichstag beherrschte der Kanzler Brück als Berater das Geschehen, die Theologen standen außen vor. In dieser Zeit bezweifelte Melanchthon jeglichen Nutzen theologischer Ratschläge für seinen Landesherrn, dem die Bekenntniseinheit nicht mehr als Kriterium der Bündnisverhandlungen galt. Trotz der Differenzen bezüglich des Abendmahls wurde im Februar 1531 in Schmalkalden ein Verteidigungsbündnis gegen die Religionspolitik Karls V. geschlossen, dem auch die Anhänger der »Tetrapolitana«, also die Reichsstädte Straßburg, Konstanz, Lindau und Memmingen, angehörten.

Außenpolitische Sorgen nötigten Karl V. von Neuem zu innenpolitischen Zugeständnissen. Als Sultan Suleiman I. Richtung Wien zog, benötigte der Kaiser Unterstützung bei den Reichsständen, um sich erfolgreich dem osmanischen Heer entgegenzustellen. Für Melanchthon standen diese Friedensverhandlungen unter keinem guten Vorzeichen, da es ihm zu offensichtlich war, dass die Abwehr der Osmanen als Triebkraft der Verhandlungen fungierte und es nicht um eine wirkliche Klärung der Religionsfrage ging. Im Sommer 1532 schloss der Kaiser mit den Evangelischen einen befristeten Frieden (sog. Nürnberger Anstand) und setzte den Augsburger Reichsabschied außer Kraft. Die Reformationsversuche sollten nicht mehr als Landfriedensbruch verfolgt und die bereits laufenden Kammergerichtsprozesse gegen die evangelischen Reichsstände suspendiert werden. Im Gegenzug erhielt der Kaiser die benötigte außenpolitische Unterstützung.

Den erzielten Frieden wertete Melanchthon nur als Teilerfolg, da ein dauerhafter Friede jenseits des theologischen Diskurses für ihn undenkbar war. Konsequenterweise arbeitete er an der zentralen biblischen Methodenlehre und veröffentlichte nur wenige Monate nach dem Friedensschluss einen neuen Römerbriefkommentar. Für seine Widmung wählte Melanchthon wieder eine zentrale Figur der Politik. Er wandte sich an den Mainzer Erzbischof Albrecht, der in den Vermittlungsverhandlungen für den Nürnberger Anstand eine zentrale Rolle gespielt hatte. Deutlich wies Melanchthon den Erzbischof auf die Dringlichkeit der noch nicht eingelösten theologischen Klärung hin.

Zitat

»Uns bewegt nicht Wortgezänk über die Rechtfertigung. Und wir sind nicht nur in der Wortwahl von den vertretenen Meinungen unserer Gegner entfernt. Es wird um die aller wichtigsten Dinge gestritten: nämlich über die Vergebung der Sünden, über den Trost des Gewissen, über den wahren Gottesdienst und über die wahre Anrufung Gottes.« (MWA 5, S. 33,15 ff)

In fast apokalyptischer Manier charakterisierte Melanchthon die aktuelle Lage im Reich. In einer Zeit, da Hetzer ungerechte Anklagen über die Protestanten im ganzen Reich verbreiteten und einen Krieg anzetteln wollten, der das ganze Land verwüsten würde, sei die theologische Aufgabe und Wahrheitssuche unaufgebbar. Melanchthons Kommentar sollte dazu einen Beitrag leisten, indem er die christliche Lehre in ihren Grundzügen zusammenfasste und eine ausführliche Auseinandersetzung mit der römischen Theologie veröffentlichte.

Quellen

Die Augsburgische Konfession, in: Bekenntnisschriften, S. 33–137

Die Apologie der Konfession, in: Bekenntnisschriften, S. 141–404

Literatur

Peters, Christian: Apologia Confessionis Augustanae. Untersuchungen zur Textgeschichte einer lutherischen Bekenntnisschrift (1530–1584) (CThM.St 15), Stuttgart 1997

Wenz, Gunter: Theologie der Bekenntnisschriften der evangelisch-lutherischen Kirche, Bd. 1, Berlin u. a. 1996

Das Ringen um die Einheit der Kirche: Theologen im Gespräch

»Die Rede darf sich keine Fehler bei den Wortbedeutungen leisten, muss Unklarheit und Durcheinander meiden und sich außerdem vor Witzeleien hüten. Wir sind dazu geboren, uns im Gespräch einander mitzuteilen. Weshalb das? Etwa nur, um Liebesgeschichten vorzulesen, auf Gastmählern zu wetteifern oder um darüber zu reden, wie man mit Verträgen, durch Kauf, Verkauf usw. am besten Geld scheffeln kann? Nein! Die Menschen sollen einander über Gott und die Aufgaben der Ethik unterrichten. Das wechselseitige Gespräch möge in guter Gesinnung erfolgen, d. h. es soll eine wirklich angenehme Auseinandersetzung über diese grundlegenden Dinge sein.« (Rede über das Band zwischen Schulen und dem Predigtamt, 1543, Melanchthon deutsch Bd. 2, S. 27)

Das Wesen der Kirche

Mit dem Ausgang des Augsburger Reichstags 1530 waren die Grenzen und Differenzen in den religiösen Positionen deutlich markiert worden. Eine Einigung schien außer Sichtweite. In dieser angespannten Lage wandte sich der sächsische Rat, Julius Pflug (1499–1564), der später römischer Bischof von Naumburg werden sollte, an Desiderius Erasmus. Dieser sei seiner Ansicht nach der Einzige, der in dieser verfahrenen Lage noch helfen könne. Als Erasmus zwei Jahre später immer noch nicht reagiert hatte, erinnerten ihn Pflug und Melanchthon fast zeitgleich daran, seinen Friedensdienst endlich zu leisten. Der mittlerweile über sechzigjährige Erasmus veröffentlichte schließlich die Schrift »Über die zu heilende Eintracht in der Kirche« (*De sarcienda ecclesiae concordia*, 1533), in der er seine Meinung über die Beilegung des Kirchenstreits zusammenfassend darstellte.

Aus seiner Sicht könne die Eintracht in der Kirche gewahrt werden, wenn die praktischen Missbräuche im kirchlichen Alltag abgestellt und in den Lehrstreitigkeiten Nachgiebigkeit gezeigt werde. Im Gegensatz zu Melanchthon war er der Erkenntnisfähigkeit des menschlichen Verstandes und der Klarheit der Heiligen Schrift gegenüber deutlich skeptischer eingestellt. Dort wo die biblischen Zeugnisse nicht eindeutig seien, müsse – so seine Überzeugung – den Lehrentscheidungen der verfassten römischen Kirche gefolgt werden. Die Klärung der theologischen Streitfragen war ihm zufolge also nicht allein durch die rechte Auslegung der Heiligen Schrift zu bewältigen. In schwierigen Fragen müsse man sich auf das verlassen, worauf sich die Kirche in ihrer Geschichte geeinigt habe (*consensus ecclesiae*). Für Erasmus entzog sich die Wahrheit dem eigenen Urteil bzw. Schriftstudium und war nur im Vertrauen auf die überlieferte Lehre der römischen Kirche zu finden.

Erasmus traf den Kern der Diskussion, da er die Lehre von der Kirche (Ekklesiologie) und das Schriftverständnis als kritische Punkte herausarbeitete. Melanchthon reagierte unverzüglich, denn seine Einleitung der neu aufgelegten »Loci communes« von 1535 liest sich eindeutig als Widerlegung der erasmischen Kirchenlehre. Mit scharfer Feder führte er aus, dass die christliche Lehre ihr Richtmaß und ihre Norm allein in den Schriften der Propheten und Apostel finde. Da aber durch päpstliche Traditionen und mönchische Lektionen die himmlische Lehre begraben sei, rief Melanchthon seine Leser zurück zu den Quellen (*ad fontes*): Die von den kirchlichen Überlieferungen verdeckten Heiligen Schriften müssten aus ihrer Unterdrückung befreit werden. Weil die reformatorischen Theologen den eingeschliffenen Wirrnissen der Theologie nicht folgen würden, hielten ihnen ihre Gegner vor, von der Kirche abzuweichen. Die Kirche habe jedoch nur auf eine Stimme zu hören – auf die Stimme des Sohnes Gottes (Mt. 17 5). Die Tradition und die festgeschriebenen Lehrsätze würden wohl die römische Kirche begründen, jedoch sei die katholische Kirche als Kirche Christi gemeinschaftlich eines Sinnes (*consensus*) mit der Heiligen Schrift. Anders als Erasmus versteht Melanchthon den *consensus ecclesiae* nicht als Übereinkommen in Tradition und Lehre, sondern als Einmütigkeit in der schriftgemäßen Lehre. Das ist die Aufgabe der »Loci communes«, die nicht Traditionen, Übereinkommen oder römische Einfälle zusammenschreiben, sondern im Hören auf die biblischen Schriften theologisch entfalten und systematisch zusammenstellen, was Gottes Wort lehrt. Der Irrgarten ist die Tradition, nicht die Schrift!

Fortgeführte Gespräche

Zeitgleich liefen die Auseinandersetzungen um den wahren Glauben auf unterschiedlichsten Ebenen und waren mit zahlreichen, nicht immer religiösen Interessen verbunden. Auf politischer Ebene suchte König Franz I. von Frankreich (1497–1547) aus territorialpolitischen Gründen eine Koalition gegen Kaiser Karl V. und zeigte sich 1534 mit den Kursachsen gesprächsbereit. Der sächsische Kurfürst Johann Friedrich (reg. 1532–47) fürchtete allerdings um seine noch ausstehende kaiserliche Belehnung mit der Kurwürde und wollte jegliche unnötige politische Konfrontation mit dem Kaiser vermeiden. Daher durfte Melanchthon die Einladung zu einem Gespräch nach Frankreich nicht annehmen.

Auf regionaler Ebene regte Julius Pflug ein Religionsgespräch der beiden sächsischen Territorien an. Neben Pflug waren im herzoglich-sächsischen Nachbarterritorium einige Theologen und Räte reformoffen und suchten daher den Austausch. Das Gespräch fand 1534 in Leipzig statt. Aus Kursachsen waren Melanchthon und der kurfürstliche Rat Gregor Brück angereist. Die Verhandlungen scheiterten jedoch an dem unterschiedlichen Verständnis der Messe. Schließlich stellte der Papst ein Konzil in Aussicht und ließ 1536 eine offizielle Einladung nach Mantua ergehen. Daraufhin verfasste Luther im Auftrag seines Kurfürsten die sog. Schmalkaldischen Artikel, die eine theologische Zusammenfassung boten und die Artikel auflisteten, über welche verhandelt werden konnte und über welche nicht. Diese Artikel wurden von den schmalkaldischen Bündnisgenossen jedoch nicht als offizielle Verhandlungsgrundlage akzeptiert. Innerreformatorisch kam es im selben Jahr vor allem auf Betreiben des Straßburger Reformators Martin Bucer (1491–1551) zu einer Einigung in der Abendmahlsfrage. Die sog. Wittenberger Konkordie des Jahres 1536 legte trotz bleibender Unterschiede einen gemeinsamen Verständnisrahmen des Abendmahls fest, den die Oberdeutschen unterzeichnen konnten, die Schweizer jedoch nicht.

Melanchthon war in alle Verhandlungen eingebunden. Sein Briefwechsel bezeugt, dass er sich bei diesen Einigungsversuchen nicht nur der theologischen Themen, sondern auch der vielfältigen politischen Verstrickungen und Hintergründe bewusst war. Deutlich und wiederholt kritisierte er die machtpolitischen Interessen der Staatsmänner, denn für ihn gab es nur einen sachgerechten Weg zur Einheit der Kirche: die sachliche Diskussion allein auf Grundlage der Heiligen Schrift.

Veröffentlichte Kirchenpolitik

Der Streit um die Einheit der Kirche wurde nicht nur auf den unterschiedlichsten politischen Ebenen geführt, sondern auch mit publizistischen Mitteln. Zahlreiche kirchenpolitische Publikationen drängten in diesen Jahren auf den Markt, auf protestantischer Seite vor allem durch Bucer, Luther und Melanchthon. Letzterer veröffentlichte weitere Schriften zu den zentralen Themen der Ekklesiologie und der Schriftautorität. In bisher unbekannter Schärfe kritisierte und attackierte er dabei die gegnerischen Positionen. Als deutliche Grenzposten in der Auseinandersetzung um die wahre Kirche trieb er mit seiner publizistischen Tätigkeit gleichsam Pfähle in den Boden. Drei besonders markante Schriften ragen aus dieser Zeit hervor: Die Arbeiten über die Autorität des Papstes (1537) und die Autorität der Heiligen Schrift (1539) sowie der neu verfasste Römerbriefkommentar (1540).

Der Traktat über die Gewalt und den Primat des Papstes (*Tractatus de potestate et primatu papae*) beschäftigte sich mit der Amtsvollmacht des Papstes und dem Verantwortungsbereich der Bischöfe. Diese Schrift wurde zur offiziellen Stellungnahme des Schmalkaldischen Bundes. Sehr entschieden sprach Melanchthon der Vorrangstellung des Papstes (sog. Primat) jegliches theologisches Recht ab, da sich dies weder biblisch noch historisch begründen lasse. Sei aber das Primat nicht zu halten, dann könne der Papst auch nicht für sich beanspruchen, die letzte Entscheidungshoheit in theologischen Fragen zu besitzen. Melanchthon verschärfte seine Argumentation sogar noch weiter: Selbst wenn es ein solches Recht gebe, habe der Papst es durch seine jetzige theologische und kirchenpolitische Misswirtschaft verwirkt. Melanchthon ließ es in seiner Kritik des Papsttums nicht an Klarheit mangeln, in der deutschen Übersetzung noch weit mehr als im lateinischen Original: Der Papst und sein Anhang seien gleich dem Reich des Antichristen zu verfluchen. Während die Dämonie des Antichristen sich nie ändern werde, sei von einem römischen Bischof allerdings mit Fug und Recht eine grundlegende Änderung zu verlangen – und seine Schuld werde umso größer, wenn er diese verweigere.

Wenn nun dem Papst keine richtende Funktion im Kirchenstreit zukam, wie konnte dann der Weg der Einheit beschritten werden? Diesem Thema widmete sich Melanchthon in seiner Schrift »Über die Kirche und die Autorität des Wortes Gottes« (*De ecclesia et de autoritate verbi dei*). An den Anfang stellte er die Frage, inwieweit den kirchlichen Lehren und Entscheidungen von Synoden Folge zu leisten sei. Denn in der aktuellen

Diskussion würden sich einige einbilden, dass den Lehrentscheidungen Vorrang vor dem Zeugnis der Heiligen Schrift zukäme, da diese an manchen Stellen mehrdeutig sei. Unter diesem Vorwand der biblischen Mehrdeutigkeit hätten Päpste nach Belieben und gegen Gottes Wort falsche Lehren, gottlose Bräuche und vieles andere mehr vorgeschrieben. Jedoch nicht der Papst, Bischöfe oder sonstige Strukturen erzeugten die wahre Kirche, sondern nur die Versammlung der Rechtgläubigen, die sich bis zu den Zeiten der Vorväter und Propheten zurückverfolgen lasse. Die Kontinuität der wahren Kirche liege gerade nicht in der lückenlosen Kette von Handauflegungen seit der Zeit der ersten Apostel bis zu den heutigen Bischöfen (sog. apostolische Sukzession) begründet, sondern:

Zitat

Die Kirche »ist eine Versammlung, die nicht an die ordnungsgemäße Sukzession gefesselt ist, sondern an Gottes Wort. Dort wird die Kirche wiedergeboren, wo Gott die Lehre wiederherstellt und den Heiligen Geist gibt.« (CR 15, Sp. 736)

Der Gehorsam mache die Kirche zur Kirche, nicht der Ritus. Allerdings werde in dieser Kirche, so Melanchthon weiter, Gottes wahre Lehre zuweilen klarer und zuweilen weniger klar vertreten. Denn in der Kirche habe es immer wieder rechtgläubige Glieder gegeben, die an einzelnen Punkten trotzdem irrten. Die rechtgläubige Kirche sei nicht die unfehlbare, sondern die bußfertige Kirche. Deshalb suche die wahre Kirche ihren *consensus* stets von Neuem in der Übereinstimmung mit Gottes Wort. Die Kirche könne auch nicht Glaubensartikel erfinden, sondern nur bekennen, was Gottes Wort lehre und wozu es ermahne. Dabei sei die Verkündigung die Aufgabe von Predigern und Bischöfen, die Aufgabe der Zuhörer sei die Prüfung dessen, was ihre Prediger als Worte Gottes verbreiteten. Richtmaß sei allein Gottes Wort, und was dieser Überprüfung nicht standhalte, sei zu verurteilen.

Diese kleine Schrift wurde im Römerbriefkommentar von 1540 als Exkurs erneut veröffentlicht. Die Gelegenheit ergab sich bei der Auslegung zu Röm. 14, da Melanchthon dort die Frage nach der Gewissensbindung der Christen erörterte. Neben den Fragen der Ekklesiologie nahm in diesem Kommentar die Auseinandersetzung um die Exklusivpartikel »allein aus Glauben« (*sola fide*) großen Raum ein. In der einleitenden Zusammenfassung erklärte Melanchthon, dass Paulus selbst im Römerbrief eine Exklusivpartikel verwende: Gerechtigkeit geschieht aus Glauben – um der

Gnade willen (Röm. 4 16: *ex fide … secundum gratiam*). »… um der Gnade willen« sei eine Exklusivpartikel, die jeglichen menschlichen Verdienst und jede menschliche Mitwirkung bei der Gerechtsprechung ausschließe. Da die Redewendung »allein aus Glauben« dasselbe ausdrücke, könne sie theologisch legitim verwendet werden. Die detaillierte Ausführung um die sachgerechte bzw. biblische Redeweise war keine theologische Nebensächlichkeit, denn die Frage der Exklusivpartikel sollte noch mehrmals zum Diskussionsgegenstand werden. Diese Auslegungsarbeit zum Römerbrief kann grundsätzlich als theologische Vorbereitung Melanchthons auf die Religionsgespräche gewertet werden.

Hagenau und der Verhandlungsmodus

Auf dem Frankfurter Fürstentag wurde im April 1539 ein befristeter Frieden verabschiedet und die Einberufung eines Religionsgesprächs vereinbart. Zur Vorbereitung trafen sich die protestantischen Fürsten und Stände auf dem Bundestag in Schmalkalden. Die Wittenberger Theologen brachten ein Gutachten mit, das den Verhandlungsspielraum eines Religionsgespräches absteckte und von protestantischem Selbstbewusstsein geprägt war. In der Lehre bestand man auf der Annahme des evangelischen Bekenntnisses durch die Gegenpartei. Sodann wurden die unaufgebbaren äußerlichen Zeremonien aufgelistet und äußerliche Bräuche angefügt, bei denen Toleranz möglich war (sog. Adiaphora), wie z. B. bei den gottesdienstlichen Gesängen oder der Einzelbeichte ohne Verpflichtung zur Aufzählung aller Sünden.

Vom Bundestag reiste Melanchthon weiter nach Rotenburg an der Fulda, wo er zusammen mit Martin Bucer Zeuge der Trauung des Landgrafen Philipp von Hessen mit Margarethe von der Saale (1522–66) wurde. Somit wurde der herausragende Reformationsfürst ein Bigamist, da seine erste Ehe mit Christina von Sachsen (1505–49) bestehen blieb, allerdings unter Geheimhaltung der Doppelehe, denn Bigamie konnte rechtlich mit der Todesstrafe verfolgt werden. Die berechtigte Sorge, dass die Doppelehe bekannt werden würde, führte bei Melanchthon zu einem körperlichen und seelischen Zusammenbruch, als er auf dem Weg zum Gesprächstag nach Hagenau war. An den Verhandlungen nahm er daher persönlich nicht teil. In Hagenau erörterte man, nach welchem Modus und auf welcher Grundlage das Religionsgespräch stattfinden sollte. Während die römische Seite an die Ausschussverhandlungen in Augsburg anknüpfen wollte, bestanden die Protestanten auf der Confessio Augustana und der

Apologie als Gesprächsgrundlage und forderten zudem eine schriftliche Protokollierung der Gespräche.

Worms und die Confessio Augustana variata

Die Religionsverhandlungen wurden nach Worms verlegt. Melanchthon traf dort Ende Oktober 1540 ein und beharrte von Anfang an auf einer sachgemäßen theologischen Diskussion mit klarer Ausgangsbasis. Daher lehnte er auch jede Mitarbeit an vorgefertigten Vergleichsartikeln ab und betonte, dass ohne vorherige öffentliche Diskussion keine Einigung erzielt werden könne.

Als Gesprächsgrundlage wurde am 28. November von protestantischer Seite eine überarbeitete Confessio Augustana, die Confessio Augustana variata (abgekürzt: CAvar) offiziell übergeben. Über ihre Entstehung, den Zeitpunkt der Abfassung und über die Verfasserfrage liegen wenig gesicherte historische Erkenntnisse vor. Eine Privatarbeit Melanchthons war die CAvar nicht, da sie offiziell übergeben wurde. In der Grundstruktur blieb sie der CA gleich, sogar die Reihenfolge der Artikel wurde im ersten Teil beibehalten. Im zweiten Teil, der sich mit den Missständen beschäftigte, wurden einige Artikel umgestellt, z.B. wurde der Missbrauch der Messe an die erste Stelle gerückt. Besonders ausführliche Erweiterungen und Kommentierungen erfuhren die Artikel über die Rechtfertigung, die Messe und die Klostergelübde. Der Artikel über das Abendmahl berücksichtigte die Vereinbarungen der Wittenberger Konkordie:

Zitat

»Über das Abendmahl lehren sie, dass mit Brot und Wein Leib und Blut Christi wahrhaft dargereicht werden an die Essenden und Trinkenden im Herrenmahl.« (Confessio Augustana Variata, S. 18)

Das Faktum des Miteinanders von »Brot und Wein« und »Leib und Blut« wird hier festgestellt, ohne Erläuterung des Vorgangs oder der Art und Weise des Zusammenseins von Zeichen (Brot bzw. Wein) und Sache (Leib bzw. Blut Christi). Darüber hinaus spiegelte sich in der CAvar die Entwicklung einer protestantischen Ethik, ohne dabei theologische Abstriche bei der Rechtfertigungslehre zu machen. Grundsätzlich zeichnete sich diese Arbeit durch einen schärferen Ton gegenüber den Irrtümern und Missständen in der römischen Kirche aus.

Noch immer waren die Vorgehensweise sowie die Anzahl der Teilnehmer des Gesprächs umstritten. Schließlich einigte man sich darauf, jeweils einen Vertreter der beiden Seiten miteinander disputieren zu lassen, namentlich Johannes Eck und Melanchthon, wobei jeweils noch zehn weitere Theologen am Verhandlungstisch saßen. Vom 14.–17. Januar 1541 wurde im Rathaus von Worms verhandelt. Ausgehend von der CAvar kamen Eck und Melanchthon bis zu Artikel 2 über die Erbsünde. Johannes Eck warf Melanchthon vor, dass seine Theologie den Aussagen der Kirchenväter widerspreche. Melanchthon konterte mit der Vorrangstellung der Schrift und verwies Eck auf die Bibel (Röm. 7), die sicher, unzweifelhaft und einzig wahr sei. Von der konsequenten Anwendung des Schriftprinzips ließ Melanchthon sich nicht abbringen, so dass dieses Gespräch keinerlei inhaltliche Annäherung bewirkte.

Im Januar 1541 beschloss der kaiserliche Sekretär Nikolaus Granvella (1484–1550) das Religionsgespräch und vertagte die Verhandlungen auf den bereits ausgeschriebenen Reichstag in Regensburg. Hintergrund waren die von Granvella initiierten Geheimverhandlungen, die einen gewissen Erfolg zu verzeichnen hatten. Martin Bucer und der Kölner Domherr Johannes Gropper (1503–59) hatten unter Mitarbeit anderer in Geheimgesprächen ein Konsenspapier erarbeitet. Das sog. »Wormser Buch« sollte nach den Vorstellungen Granvellas in Regensburg zum Ausgangspunkt für eine erfolgreiche Verständigung werden.

Melanchthon erfuhr von dem Wormser Buch erst, als er bereits nach Wittenberg zurückgekehrt war und reagierte verärgert mit einer Rede »Über den Hass auf die Sophistik« (*De odio sophistices*). Darin lehnte er jegliches machtpolitisch orientierte Reden und Handeln ab, da beides lediglich dem Anschein nach der Wahrheit verpflichtet sei. Er schilderte Beispiele aus der Geschichte, in denen Zweideutigkeiten, Listen und Intrigen die Menschen ins Verderben geführt hatten. Für Melanchthon war Frieden und Einigkeit nur in Verbindung mit der Suche nach Wahrheit zu erreichen. Entsprechend lehnte er das Wormser Buch kompromisslos ab.

Der Regensburger Reichstag (1541)

Auf dem Weg zum Regensburger Reichstag ereilte Melanchthon ein Unfall. Sein Wagen kippte um und er zog sich eine komplizierte Handverletzung zu. Er selbst deutete diesen Vorfall als schlechtes Omen für die anstehenden Verhandlungen, die Anfang April offiziell eröffnet wurden und sich vornehmlich der Religionsfrage widmeten.

Trotz Einspruch durch die protestantische wie altgläubige Seite ließ Kaiser Karl V. nur eine kleine Anzahl von Gesprächsteilnehmern zu: Julius Pflug, Johannes Eck und Johannes Gropper sollten mit Melanchthon, Bucer und dem hessischen Reformator Johannes Pistorius (1504–83) verhandeln. Da Eck jedoch im Verlauf des Reichstages erkrankte, schied um der Parität willen dann auch Pistorius aus.

Das Religionsgespräch begann hoffnungsvoll, da sich die Teilnehmer am ersten Tag zügig über das theologische Verständnis des Menschen, über die Willenslehre, den Sündenfall und die Erbsünde einigen konnten. In den darauffolgenden Tagen diskutierten sie intensiv über die Rechtfertigungslehre und nach einigen gescheiterten Versuchen gelang schließlich sogar die gemeinsame Formulierung eines Konsensartikels. Nach wenigen Tagen aber befürchtete Melanchthon, dass diese Einigung nur terminologisch, nicht aber inhaltlich gelungen war. Später lehnten sowohl der Papst als auch Martin Luther den erarbeiteten Vergleich ab.

Nach den anfänglichen Erfolgen wurden die Gespräche zum Themenkomplex »Kirche« fortgeführt. Hier entbrannte der Streit vollends und unüberbrückbare Differenzen traten hervor. Bei der Forderung, den Konzilsentscheidungen Folge zu leisten, betonte Melanchthon von Anfang an, dass es an diesem Punkt keinen Kompromiss gebe. Melanchthon unterstrich in seinem Votum zur Kirche, dass der *catholicus consensus* mit den überlieferten Zeugnissen der Propheten, Apostel und Kirchenväter übereinstimme. Dies sei allerdings nicht so zu verstehen, dass der Schrift nicht widersprochen werde, die Kirche aber ansonsten ihren eigenen Weg gehe. Der *consensus* müsse der Sache nach der Schrift entsprechen. Als das Gespräch zu scheitern drohte, wurde die Diskussion um die Ekklesiologie vertagt.

Die weiteren Verhandlungen brachten keine Einigung und das Unterfangen des Religionsgespräches scheiterte. Bei Melanchthon hinterließen diese Zusammenkünfte keinen guten Eindruck. Seiner Ansicht nach herrsche in den Gesprächen ein Wortkrieg um Terminologien, nicht aber ein Ringen um die Wahrheit, da die Theologen nicht um Inhalte, sondern nur um die Wortwahl stritten. Derartiges Wortgezänk (2. Tim. 2 14) helfe aber nicht, sondern schade sogar, resümierte Melanchthon. Theologen sollten nicht um Worte ringen, sondern sich auf den alleinigen Grund berufen, nämlich auf Jesus Christus in der Schrift – und nicht, wie die Kirche sich diesen in ihren Traditionen zurechtlege. Weder politische Abkommen noch rhetorisches Taktieren konnten für Melanchthon dauerhaften Frieden garantieren.

Reformationsversuche und kaiserlicher Machtgewinn

Am Rande der Religionsgespräche knüpfte der reformfreudige Kurfürst und Erzbischof von Köln, Hermann von Wied, Kontakte mit den Protestanten. In dieser Zeit reifte in ihm der Entschluss, seine kirchliche Reform in eine Reformation umzuwandeln. Sein Domherr Gropper hatte mit Martin Bucer in Worms intensiv zusammengearbeitet. Nachdem im Regensburger Reichstagsabschied 1541 die Reichsstände aufgefordert wurden, noch vor der Einberufung eines allgemeinen Konzils eine »christliche Ordnung und Reformation« zu beginnen, holte Erzbischof Hermann für die Abfassung einer Kirchenordnung zunächst Martin Bucer und etwas später auch Melanchthon an den Rhein. Die von Bucer begonnene evangelische Predigt im Bonner Münster stieß nicht nur bei Gropper auf heftigen Widerstand. Trotzdem setzten Bucer und Melanchthon ihre Arbeit an einer Ordnung der Kirche, die in der Lehre evangelisch, in den äußeren Formen jedoch römisch blieb, fort. Dieser Entwurf mit dem Titel »Einfältiges Bedenken, worauf eine christliche, in dem Wort Gottes gegründete Reformation anzurichten sei« wurde auf dem Landtag im Juli 1543 angenommen, die Mehrheit des Klerus sowie das Domkapitel protestierten jedoch gegen die Umsetzung des Reformwerkes.

Auch im Nachbarterritorium Jülich-Kleve-Berg schien sich die Reformation anzubahnen. Zu seinem Amtsantritt im Jahre 1539 hatte Melanchthon dem Herzog Wilhelm V. (1516–92) seine Schrift »Über das Amt der Fürsten« (*De officio principum,* 1539) gewidmet und ihn aufgefordert, seine abwartende, neutrale Position aufzugeben. Wilhelm feierte Ostern 1543 das Abendmahl unter beiderlei Gestalt – das Zeichen, den Gottesdienst dem Worte Gottes zu unterstellen. Die kaiserliche Politik aber verhinderte weitere Schritte in Richtung Reformation, denn der Kaiser war aus Anlass der Erbfolge um das Herzogtum Geldern zum offenen militärischen Konflikt mit dem Herzog Wilhelm entschlossen. Wilhelms Bitte um Unterstützung durch den Schmalkaldischen Bund hintertrieb jedoch der Landgraf Philipp von Hessen, der wegen seiner Doppelehe durch den Kaiser unter Druck gesetzt worden war. Ohne militärische Hilfe erlitt Wilhelm eine vernichtende Niederlage durch die kaiserlichen Truppen und musste im Vertrag von Venlo (1543) nicht nur auf seine Ansprüche auf Geldern verzichten, sondern auf jede weitere Begünstigung der Reformation in seinen Landen. Nun drohte der Kaiser auch dem Kölner Kurfürsten und Erzbischof Hermann von Wied wiederholt mit Krieg. Trotz anhaltendem Widerstand unterlag der Kölner letztlich der kaiserlichen Macht.

Die kaiserliche Religionspolitik hatte größere Dimensionen im Blick. 1544 besiegte Karl V. den französischen König und klärte im Frieden von Crépy nicht nur territoriale Fragen, sondern besiegelte in einem Geheimvertrag sowohl das Zurückdrängen der Reformation in Frankreich als auch die Beschickung zu einem Konzil. Schritt für Schritt verzeichnete der Kaiser den Zuwachs seiner militärischen und politischen Macht, was ihm mehr Freiheiten in der Behandlung der Religionsfrage einräumte. Zeitgleich mit dem Beginn des Konzils in Trient eröffnete er 1546 in Regensburg ein neues Religionsgespräch, in dem die Frage der Rechtfertigung erneut verhandelt werden sollte. Melanchthon lehnte eine Beteiligung sowohl am Konzil als auch am Religionsgespräch ab, da er befürchtete, dass dort die kirchlichen Fragen nicht frei erörtert würden. In seiner Position wurde er von Luther unterstützt und das Religionsgespräch wurde ohne Beteiligung Melanchthons eröffnet. Der Kaiser, der sich seiner politischen Überlegenheit bewusst war, legte Spielregeln für die Verhandlungen fest, welche die Gesprächsspielräume der Protestanten erheblich einschränkten. Unter entschiedenem Protest verließen die anwesenden Evangelischen das Regensburger Religionsgespräch. Nicht nur die Verhandlungen waren gescheitert, denn zeitgleich verlor die reformatorische Seite ihren führenden Kopf. Martin Luther starb am 18. Februar 1546.

Luthers Tod

Am 22. Februar 1546 wurde Luther bestattet. In der Wittenberger Schlosskirche predigte zuerst der zuständige Stadtpfarrer Johannes Bugenhagen (1485–1558). Im Anschluss hielt Melanchthon eine lateinische Leichenrede, eine vom Humanismus wiederbelebte antike und frühchristliche Tradition. Melanchthons Leichenrede wurde im Laufe der Zeit in zwei Versionen abgedruckt. Zum einen erschien sie in der originalen Kurzfassung, die von einem Nürnberger Prediger ins Deutsche übersetzt wurde. Zum anderen überarbeitete Joachim Camerarius – einer damals üblichen Tradition folgend – diese Leichenrede und veröffentlichte sie unter Melanchthons Namen. Diese von Caspar Cruciger (1504–48) übersetzte Langfassung zog über die Jahrhunderte hinweg die größte Breitenwirkung nach sich.

Rhetorisch gekonnt würdigte Melanchthon die Bedeutung Luthers für die Kirche und ordnete ihn in die Reihe der wichtigsten Zeugen für Gottes Botschaft ein. Melanchthon zog die Linie vom Propheten Jesaja über Johannes den Täufer, den Apostel Paulus und den Kirchenvater Augustin bis zu Martin Luther selbst. Aber auch dessen Grenzen, wie etwa seine heftige Polemik, sprach Melanchthon respektvoll an:

Zitat

»Einige, die nicht zu verachten sind, haben sich beklagt, Luther sei schärfer gewesen, als es ertragbar sei. Ich will mich weder mit ihnen, noch mit den Verteidigern Luthers auseinandersetzen. Vielmehr antworte ich darauf mit dem, was Erasmus oft gesagt hat: Weil die Krankheiten so groß sind, hat Gott diesem letzten Zeitalter einen scharfen Arzt gegeben.« (Melanchthon deutsch, Bd. 2, S. 161)

Es ist ein genialer Schachzug, den Lutherkritiker Erasmus zum Kronzeugen für das Recht Luthers zu machen. Darin eine Distanzierung Melanchthons von Luther zu sehen, ist weder aus der Leichenrede noch aus Äußerungen zeitgenössischer Hörer abzuleiten. Im Hintergrund stand ein Brief des Erasmus, den er 1524 nach dem Streit um den freien Willen an Melanchthon geschrieben hatte. Dort räumte der Rotterdamer ein, dass die derzeitige Lage in Kirche und Religion vermutlich einen so schonungslosen Arzt wie Luther verdient habe. Ohne diese Deutlichkeit, so befürchtete Melanchthon am Ende seiner Rede, sei die wahre Lehre gefährdet.

Quellen

Confessio Augustana variata. Das Protestantische Einheitsbekenntnis von 1540, Speyer 1993, lateinisch: CR 26, Sp. 339–416

De potestate et primatu papae tractatus / Von der Gewalt und Obrigkeit des Papstes, in: Bekenntnisschriften, S. 471–498

De officio principum, quod mandatum Dei praecipiat eis tollere abusus Ecclesiasticos / Über das Amt der Fürsten, Gottes Befehl auszuführen und kirchliche Missbräuche abzustellen, 1539, in: Melanchthon deutsch Bd. 2, S. 199–225, lateinisch: MWA 1, S. 388–410

Literatur

Janssen, Wibke: »Wir sind zum wechselseitigen Gespräch geboren«. Philipp Melanchthon und die Reichsreligionsgespräche von 1540/41 (FKDG 98), Göttingen 2009

Kuhaupt, Georg: Veröffentlichte Kirchenpolitik. Kirche im publizistischen Streit zur Zeit der Religionsgespräche (1538–1541) (FKDG 69), Göttingen 1998

Lexutt, Athina: Rechtfertigung im Gespräch. Das Rechtfertigungsverständnis in den Religionsgesprächen von Hagenau, Worms und Regensburg 1540/41 (FKDG 64), Göttingen 1996

Smolinsky, Heribert: Politik in der Kontroverse. Philipp Melanchthon und seine altgläubigen literarischen Gegner, in: Günther Wartenberg: Melanchthon als Politiker, S. 37–52

8

Gefährdete Einheit: Die innerlutherischen Streitigkeiten

»Wir betrauern zu Recht um unsertwillen, dass [Martin Luther] [...] aus unserer Mitte abgerufen wurde. Mit väterlicher Gesinnung umfing er uns alle. Uns geht es nun wie den Waisen, die ihres hervorragenden und treuen Vaters beraubt worden sind. [...] Weil der Tod großer Männer den Nachkommen oft Strafe anzeigt, so beschwören wir euch, ich und alle, denen das Lehramt befohlen ist, daß ihr die Gefahren für die ganze Welt bedenkt. Da wüten die Türken von außen, hier drohen andere Feinde mit Kriegen im Inland. Weit und breit gibt es auch eine große Frechheit der Geister. Seit sie Luthers Kontrolle nicht mehr befürchten müssen, werden sie die recht überlieferte Lehre mit umso größerer Waghalsigkeit verfälschen.« (Rede bei der Bestattung Martin Luthers, 1546, Melanchthon deutsch Bd. 2, S. 163f. 169)

Der Schmalkaldische Krieg

Melanchthons Vorahnungen sollten sich bestätigen, denn beides bewahrheitete sich kurze Zeit später. Nachdem Kaiser Karl V. mit Papst Paul III. (amt. 1534–49) ein Bündnis gegen den Protestantismus geschlossen hatte, ließ er im Juni 1546 seine Truppen in das Reich marschieren. Auf der gegnerischen Seite formierten der Landgraf von Hessen und der Kurfürst von Sachsen ihre Armeen und zogen dem Kaiser Richtung Süden entgegen. Der direkte Kampf blieb vorerst aus. Vorsorglich baute der Kurfürst die Stadt Wittenberg zur Festung aus und wies alle Studenten an, die Stadt zu verlassen. Bis Oktober ging der Lehrbetrieb jedoch weiter, danach änderte sich die Lage dramatisch.

Im benachbarten Herzogtum Sachsen regierte der evangelisch erzogene Moritz von Sachsen (1521–53), der trotz seines Bekenntnisstandes nie dem protestantischen Schutzbündnis beigetreten war. In der Kriegsluft witterte er seine machtpolitische Chance: Er sagte dem Kaiser und dem Papst seine Unterstützung gegen die Protestanten zu, wofür ihm im Gegenzug die Kurwürde in Aussicht gestellt wurde. Herzog Moritz fiel ins Nachbarterritorium ein, belagerte erst Zwickau und zog dann nach Wittenberg. Melanchthon flüchtete mit seiner Familie nach Zerbst, das im benachbarten Anhalt lag und unterstützte dort die Vermittlungsbemühungen des Fürsten Georg III. von Anhalt-Dessau (1507–53). Doch Kurfürst Johann Friedrich entschied sich für eine militärische Lösung, zog seine Truppen im Süden ab und marschierte eiligst nach Kursachsen, um sein Land zu befreien. Als ihm der Sieg gegen Moritz gelang, reichte dies dem Kurfürsten allerdings nicht aus. Johann Friedrich zog seinerseits mit seinen Truppen ins benachbarte Herzogtum und belagerte Leipzig. Im Februar 1547 ermahnte Melanchthon seinen Landesherrn, die vorgebrachten Friedensangebote nicht auszuschlagen. Sein Rat blieb unbeachtet und die kursächsische Überlegenheit hielt nicht lange an.

Erst besiegte der Kaiser die süddeutschen Protestanten, um sich dann nach Norden gegen die Kursachsen zu wenden. Zur Unterstützung forderte er aus Böhmen militärische Verstärkung an. Angesichts dieser Bedrohung zog sich Kurfürst Johann Friedrich mit seinen Truppen in Richtung Wittenberg zurück. Als er unterwegs sein Feldlager an der Elbe aufrichtete, wurde er dort von den kaiserlichen Armeen überrascht und am 24. April 1547 in der Schlacht auf der Lochauer Heide bei Mühlberg besiegt. Seinen Söhnen gelang es, nach Wittenberg zu flüchten, wo sie jedoch im Mai kampflos kapitulierten. Die Niederlage gestaltete sich für den Kurfürsten Johann Friedrich dramatisch. Er verlor neben seiner Kurwürde einige seiner Gebiete, außerdem wurde er gefangen gesetzt und zum Tode verurteilt. Das Urteil wurde zwar nicht vollstreckt, doch er verblieb über mehrere Jahre in Haft.

Die Kurwürde samt den gewonnenen Territorien ging an Moritz von Sachsen über, den Ernestinern verblieb lediglich die Grafschaft Thüringen. Für viele der zurückkehrenden Kriegsflüchtlinge bedeutete dies eine schwerwiegende Entscheidung. Wollten sie ihrem alten Landesherrn die Treue halten, konnten einige von ihnen nicht in ihre Heimat zurückkehren. Das betraf besonders die Wittenberger Bürger, denn ihre Stadt – samt dem zur Kurwürde gehörende Wittenberger Kurkreis – wurde am 6. Juni 1547 dem neuen Kurfürsten Moritz übergeben, den der Volksmund aufgrund seines Verrates an den Evangelischen den »Judas von Meißen« nannte.

Wittenberg oder Jena?

Nach dem Krieg lag die Universität Wittenberg zerstört darnieder. Ob sie wiedereröffnet werden konnte, war anfänglich nicht abzusehen. Da die Wittenberger Bibliothek als Privatbesitz des ehemaligen Kurfürsten galt, wurde diese nach Weimar – der neuen Residenzstadt – gebracht. Der inhaftierte Johann Friedrich entwickelte jedoch schnell einen Plan, zwecks Erziehung christlicher Prediger und Erhaltung der reinen Lehre eine neue Bildungsstätte in seinem Territorium zu gründen. Melanchthon bezog er in seine Planung ein.

Um die Wittenberger Universitäts- und Bildungstradition fortzusetzen, lag Melanchthon vor allem daran, das bisherige Kollegium zu erhalten. Nicht nur die Theologie, sondern sämtliche Fachrichtungen wollte er gesichert wissen. Einerseits misstraute er Moritz von Sachsen aufgrund seiner Nähe zum Kaiser und fürchtete, dass der Bildungsstandort Wittenberg von Leipzig absorbiert werden könnte. Andererseits warf er Johann Friedrich vor, private Angelegenheiten mit der Sache der Kirche vermischt und daher verantwortungslos gegenüber Wissenschaft und Lehre gehandelt zu haben. In seinem Gutachten vom 10. Juli 1547 zur Gründung einer Hochschule für das ernestinische Rest-Sachsen deutete er entsprechend den Niedergang der Bildung als Strafe für mangelnde Gottesfurcht. Wohl betonte er die Notwendigkeit einer Universität, wies jedoch auf die finanziellen Schwierigkeiten und die politische Brisanz dieses Planes hin. Melanchthon sah in Johann Friedrich von Sachsen den einzigen Landesherrn, der sich der Religionspolitik des Kaisers entgegenstellte – und der seiner Einschätzung nach in seiner Gefangenschaft daher besonders gefährdet sei. Eine dem wahren Glauben gegenüber verpflichtete Lehre an einer neuen ernestinischen Bildungsstätte bringe Johann Friedrich genauso in Gefahr wie Melanchthons eigene publizistische Tätigkeit. Daher plädierte Melanchthon für den Erhalt des Wittenberger Standortes und nur im Notfall für eine Neugründung in Jena, wo die Wittenberger Gelehrten in Pestzeiten bereits früher Asyl gefunden hätten. Außerdem riet er dem Fürsten, die Entscheidungen des anstehenden Reichstages in Augsburg abzuwarten.

Gut eine Woche später erklärte Moritz von Sachsen, dass er bei der katholischen, also der wahren christlichen Lehre des reinen Wortes Gottes bleiben wolle und keine päpstlichen Missbräuche annehme. Prediger, Schulen und Gelehrte wolle er schützen – und somit auch den Standort Wittenberg erhalten. Für Melanchthon lagen hierin die entscheidenden Voraussetzungen und Bedingungen für seine weitere wissenschaftliche

Tätigkeit: Der Protegé des Kaisers schützte die Hochschule der reinen Lehre. Melanchthons Entscheidung war für Wittenberg gefallen. Später betonte er entschuldigend, dass er sich dem Jenaer Projekt nie offiziell verpflichtet und auch Anfragen anderer Universitäten abgelehnt habe. Nach einjähriger Pause nahm er im Oktober 1547 seine Vorlesungstätigkeit in Wittenberg wieder auf. Neben den größeren Lehrfreiheiten, die er an der Leucorea gewährleistet sah, mag auch seine persönliche Verbundenheit mit dieser Universität eine Rolle gespielt haben. Schließlich blickte er schon auf fast 30 Jahre Lehrtätigkeit in Wittenberg zurück.

Herzog Johann Friedrich, noch immer in der Gefangenschaft des Kaisers, ärgerte sich über Melanchthons Entscheidung, verfolgte seine Pläne jedoch weiter. Im Frühjahr 1548 eröffneten die Ernestiner in dem kleinen Weinbauerstädtchen Jena eine Hohe Schule, die knapp zehn Jahre später vom Kaiser Universitätsrechte verliehen bekam. Die Bildungsstätte in Jena wurde mit dem religiösen Anspruch gegründet, das neue Zentrum der »wahren« lutherischen Lehre im Reich zu werden. Zu den ersten Gelehrten zählten dort die beiden Melanchthonschüler Victorin Strigel (1524–69) und der Rhetoriker und Dichter Johannes Stigel (1515–62). Im Laufe der Zeit entwickelte sich Jena zur Heimat gerade jener Gelehrten, die nicht zu den Albertinern nach Wittenberg gehen wollten oder konnten. Dazu zählten die früheren Wittenberger Justus Jonas und Matthias Flacius Illyricus (1520–75) sowie Erhard Schnepf (1495–1558), der aufgrund des Augsburger Interims aus Tübingen vertrieben worden war.

Augsburger Interim

Der Kaiser hatte nicht nur den Schmalkaldischen Bund besiegt, sondern auch einen fünfjährigen Friedensvertrag mit dem Osmanischen Reich geschlossen, so dass – anders als bisher – keine außenpolitischen Bedrohungen die Reichstagsverhandlungen in Augsburg (1.9.1547–30.6.1548) überschatteten. Ein letztes Mal nahm sich der Kaiser des Religionsstreits im Reich an. Mittels eines Religionsabschiedes strebte er die Wiedererrichtung der römischen Kirche (sog. Rekatholisierung) und die Unterwerfung der Reichsstände unter die Konzilsbeschlüsse an. Dieses Gesetz wurde unter dem Namen »Augsburger Interim« bekannt, was sich aus den Anfangsworten des Abschiedes herleitet: In der Zwischenzeit (»zwischen« = lat. *interim*) sollte dieses Edikt bis zur endgültigen Konzilsentscheidung die Religionsfrage klären.

Die Verhandlungen zum Interimstext wurden geheim geführt und nur wenige Zwischenergebnisse schriftlich notiert. Daher liegt die Entstehungsgeschichte weitgehend im Dunkeln. Anfänglich erarbeitete ein rein römisch besetztes Gremium die sog. Dezemberformel, gegen die der reformkatholisch gesonnene Naumburger Bischofsanwärter Julius Pflug Einspruch einlegte. In einer neuen Kommission arbeiteten ab Januar 1548 u. a. Pflug und Michael Helding (1506–61), Weihbischof in Mainz. Der einzige evangelische Theologe in dieser Kommission war der brandenburgische Hofprediger Johann Agricola. Im März lag als Ergebnis eine Schrift mit streng römischem Charakter vor, wie sich insbesondere an der Lehre von der Kirche, der Anzahl der Sakramente und dem Messverständnis zeigte. Zugeständnisse wurden lediglich im Bereich der Priesterehe und des Laienkelchs gewährt – somit war dem Anliegen von Julius Pflug und Michael Helding Genüge geleistet.

Als den Reichsständen im März der Gesetzestext des sog. Interims verlesen wurde, legte Moritz von Sachsen Einspruch ein. Der Kaiser war über die Reaktion seines Verbündeten ungehalten und sah in Melanchthon den Anstifter dieses Verhaltens. Als der Kaiser gegen Melanchthon ein Auslieferungsbegehren aussprach, ließ Kurfürst Moritz seinen Theologen nach Altzella in Sicherheit bringen und forderte zeitgleich von ihm ein Gutachten zum Interim. Auf dem Reichstag gelang es dem Kurfürsten, eine Rehabilitation Melanchthons zu erwirken. Dessen Stellungnahme zum Interim missfiel Moritz jedoch. Melanchthon riet seinem Landesherrn nämlich in mehreren, immer differenzierter werdenden Gutachten, das Interim abzulehnen. Als Hauptkritik führte er an, dass das Herzstück des protestantischen Bekenntnisses, also die Lehre von der Rechtfertigung allein aus Glauben, nicht in das Religionsgesetz eingegangen sei.

Nun übte Moritz seinerseits Druck auf Melanchthon aus. Durch den Kanzler Christoph von Carlowitz (1507–78) versuchte der Kurfürst, auf die religionspolitischen Ansichten seines Theologen Einfluss zu nehmen. Melanchthon antwortete Carlowitz mit einem Brief (28. April 1548), der wegen seiner vermeintlichen Kritik an Luther und seiner scheinbaren Unterwerfung unter das Interim von modernen Wissenschaftlern in der Lesart umstritten ist. Neuere Forschungen betonen die stilvolle humanistische Briefrhetorik, durch welche Melanchthon seine grundsätzliche Kritik am Interim geschickt zum Ausdruck gebracht habe: Auch wenn er, Melanchthon, nicht so streitlustig wie Luther sei, da er den Worten nach gemäßigter formuliere, achte er die Wahrheit höher als sein Leben. In Sprache und Ausdruck liebe Melanchthon die rhetorische Mäßigung – in der Sache und im Inhalt jedoch die theologische Wahrheit. Bei einer

Annahme des Interims durch Moritz erwog Melanchthon außerdem, zusammen mit Bugenhagen zu emigrieren.

Leipziger Interim

Das Augsburger Interim wurde im Mai 1548 offiziell verlesen. Anders als vom Kaiser geplant, erlangte dieses Gesetz nicht für alle, sondern nur für jene Reichsstände Geltung, in denen religiöse Reformen und Neuerungen stattgefunden hatten. Folglich wurden auch im Einflussbereich des Kurfürstentums Sachsen wieder altgläubige Bischöfe eingesetzt, darunter zwei Mitverfasser des Augsburger Interims: Der seit 1542 erwählte Julius Pflug wurde endgültig Bischof in Naumburg-Zeitz und Michael Helding wurde Bischof in Merseburg (ab 1550). Dies waren beides Besetzungen, die der Kaiser durchgesetzt hatte – denn er besaß die Macht.

Kurfürst Moritz stellte bald fest, dass das Reichsgesetz weder von seinen Theologen noch von seinen Untertanen akzeptiert werden würde. Im Juli 1548 erklärten die Landstände in Meißen, dass sie bei ihrem Glauben bleiben wollten. Einziges Zugeständnis war ihre Bereitschaft, im Einvernehmen mit den Bischöfen Kirchengesetze zu erarbeiten, die gewisse Forderungen des Interims berücksichtigten, ohne jedoch die im Land verwurzelte evangelische Lehre und Liturgie zu verletzen. Während in Kursachsen also über mögliche Spielräume verhandelt wurde, griff der Kaiser in Süddeutschland bei der Durchführung des Interims hart durch. Dort war er militärisch präsent und ließ oppositionelle Prediger in Ketten abführen oder des Landes vertreiben.

Zur selben Zeit wurden in Kursachsen langwierige und komplexe Verhandlungen zwischen den kurfürstlichen Räten, den Theologen und den Bischöfen sowie den Landständen geführt. In deren Verlauf zeichnete sich immer stärker der Gegensatz zwischen den Theologen und den kurfürstlichen Räten ab. Brachten erstere immer wieder theologische Bedenken vor, gerieten die Räte zunehmend unter den kaiserlichen Druck, das Interim durchzusetzen. Der Begriff der »Adiaphora« (sog. Mitteldinge) entwickelte sich zu einer Brücke der Verständigung zwischen beiden Parteien: Das Hinnehmbare solle akzeptiert werden, wenn das Heil und die Heilige Schrift nicht in Frage gestellt würden. Die Kursachsen verfolgten demnach einen Mittelweg, dem Interim, wo möglich, einerseits mit gutem Gewissen zu gehorchen, ohne andererseits das Wort Gottes zu verletzen. Günther Wartenberg unterstreicht, dass die endgültige Landtagsvorlage nur an wenigen, zu vernachlässigenden Punkten die Forderungen des kaiserlichen Augsburger Interims aufgenommen und deutlich auf reformatorischen Grundlagen basiert habe. So könnten z. B. Bilder in den Kirchen nur geduldet werden, sofern es sich um Darstellungen des Leidens und der Auferstehung Jesu Christi handele, die damit der christlichen Unterweisung dienten. Die Theologen waren sich dieser Gratwanderung bewusst und wiesen auf die zu erwartenden Schwierigkeiten hin, dem Volk diesen Weg verständlich zu machen. Denn den Menschen, so formulierte Melanchthon seine Sorge, liege mehr am Herzen, was sie mit Augen sehen könnten als die tiefgründigen theologischen Themen, die sie mit ihren Sinnen nicht wahrnähmen.

Der gemeinsam von Räten und Theologen mühevoll errungene Ratschlag wurde auf dem Leipziger Landtag im Dezember 1548 präsentiert. Allerdings entzogen sich die kurfürstlichen Räte ihrer Verantwortung, denn sie vermittelten den Landständen durch geschickte Regie den Eindruck, dass es sich hierbei allein um das Werk der Theologen handele. Dieses sog. Leipziger Interim kam – vermutlich auf Drängen der altgläubigen Bischöfe – nicht zu einer förmlichen Verabschiedung. Um dennoch handlungsfähig zu bleiben, verfolgten die Kursachsen nun die Ausarbeitung einer Kirchenordnung. Im Juli 1549 wurde ein Mandat zur Durchführung der Sakramente, zu den Bildern und Feiertagen wie zur Kleidung der Kirchendiener veröffentlicht. Der Titel dieser kurzen Agende »Auszug aus dem Beschluss des jüngst gehaltenen Landtags in Leipzig« verwirrt jedoch, da weder die Landstände noch die Theologen der Leipziger Landtagsvorlage zugestimmt hatten.

Das sog. Leipziger Interim war als kursächsische Antwort auf das Augsburger Interim für den Kaiser gedacht, erreichte jedoch nie offizielle Gesetzeskraft. Tatsächlich aber wurde es zum Ausgangspunkt tief gehender Lehrstreitigkeiten.

Streit ohne Ende

Melanchthons Prognose der ausbrechenden internen Streitigkeiten im evangelischen Lager sollte sich bewahrheiten. Die theologischen Differenzen waren keineswegs bloßes Theologengezänk, wie dieser Konflikt gerne charakterisiert wird. Das Augsburger Interim, so Irene Dingel, stelle vielmehr die Schwelle dar, an der die lehrmäßige Pluralität des Protestantismus offen zutage trete.

Um die Vielschichtigkeit und die Bedeutung dieser Konflikte zu verstehen, müssen verschiedene Faktoren berücksichtigt werden. Erstens startete der Kaiser mit dem Augsburger Interim seinen Rekatholisierungsversuch zu einem Zeitpunkt, an dem den Vertretern der Wittenberger Reformation mit Luthers Tod ihre entscheidende Führungspersönlichkeit verloren gegangen war. Theologische Nuancen und Differenzen gab es bereits seit Längerem im lutherischen Lager. Doch in den Jahrzehnten zuvor hatte Luther Kontroversen durch sein Wort entschieden bzw. beendet. Nun fehlte es an einer derart maßgeblichen Autorität. Noch lag keine komplette Ausgabe von Luthers Werken vor, auf die man bei Lehrentscheidungen hätte zurückgreifen bzw. an der man sich in strittigen Fragen hätte orientieren können. Wohl rückte Melanchthon in die Führungsposition und beantwortete zahlreiche Anfragen, erstellte diverse Gutachten und korrespondierte europaweit mit Gelehrten und Politikern. Sein Rat war gefragt, doch seine Ratschläge wurden nicht auf allen Seiten als endgültig anerkannt. Seine hohe wissenschaftliche Autorität war nicht identisch mit seiner kirchlichen Autorität. Dies mag in manchen Fällen an persönlichen Feindseligkeiten gelegen haben, hatte aber ebenfalls kirchenpolitische Hintergründe.

Denn zweitens arbeiteten die evangelischen Theologen nach dem Augsburger Interim unter sehr unterschiedlichen politischen Lebenswirklichkeiten. Kursachsen und Wittenberg versuchten unter Hoheit des Kurfürsten Moritz trotz kaiserlicher Maßnahmen einen möglichst evangelischen Kurs zu halten und zugleich den nötigen Frieden zu wahren. Das ernestinische Sachsen verfolgte eine andere Politik. Die Hohe Schule in Jena sollte die wahre Lehre bewahren. Für den Fall einer gewaltsamen Schließung durch den Kaiser existierten sogar Pläne, die Pfarrer- und Lehrerausbildung durch die Gründung einer Schule im Kloster Roda (Stadtroda) sicherzustellen. Noch deutlicher lehnte sich Magdeburg auf. Die freie Hansestadt ergab sich nach dem Zusammenbruch des Schmalkaldischen Bundes nämlich nicht dem Kaiser, sondern leistete diesem über Jahre hinweg erfolgreich Widerstand. So entwickelte sich Magdeburg zum Zufluchtsort für viele Gegner der kaiserlichen Religionspolitik, die dort eine Vielzahl von Flugschriften veröffentlichten. Diesem Umstand verdankt die Stadt den Namen »Unseres Herrgotts Kanzlei«. Wohl wurde gegen Magdeburg 1548 die Reichsacht verhängt, allerdings wurde die Stadt erst im Herbst 1550 angegriffen und dann belagert – wieder war es Moritz von Sachsen, der im Auftrage des Kaisers handelte.

Angesichts der geschilderten politischen Bedingungen wird deutlich, dass die Gelehrten aus Jena und Magdeburg unter ganz anderen Bedingungen und Anfeindungen lebten als die Wittenberger. Nahmen die Jenaer Professoren und Magdeburger Gelehrten für sich in Anspruch, trotz politischer Gefährdung beim bekennenden und wahren Glauben geblieben zu sein, standen für sie die Wittenberger Theologen bei allem, was sie sagten und schrieben, schnell im Verdacht des Verrats.

Der Streit um das Interim und die Adiaphora

Das Augsburger Interim mit seinen Nachwirkungen führte zu zahlreichen und langwierigen Auseinandersetzungen. Anfänglich wurden die Konflikte nicht öffentlich sichtbar ausgetragen. Eine Ausnahme stellten die Kampfschriften gegen den Brandenburger Hofprediger Johann Agricola dar, der als einziger evangelischer Theologe in Augsburg am Interim mitgewirkt hatte. Auch Melanchthon war über Agricola verärgert, wollte aber nicht gegen ihn schreiben und brach letztlich seinen Briefkontakt mit ihm ab.

Im Hinblick auf die Religionspolitik der Verlierer, der ernestinischen Herzöge von Sachsen, traten die innerprotestantischen Differenzen jedoch zutage. Der Jurist Heinrich Schneidewein (1510–80) nahm im April 1548 im Auftrag von Johann Friedrich mit Melanchthon Kontakt auf. Daraufhin verfasste der Wittenberger für den sächsischen Herzog ein ausführliches Gutachten zum Augsburger Interim. In den folgenden Monaten hielt Melanchthon die Ernestiner über die kirchenpolitischen Entwicklungen in Kursachsen auf dem Laufenden und sandte ihnen eine von ihm kommentierte Leipziger Landtagsvorlage zu. Aus der Gefangenschaft wies Johann Friedrich seine Räte und Theologen an, diese Stellungnahme zu beraten und zu prüfen, ob das Herzogtum sie übernehmen solle. Nach langwierigen Verhandlungen ging man dort jedoch einen anderen Weg. Im Juli 1549 verabschiedete der ernestinische Landtag ein »Bekenntnis des Glaubens«, mit dem er sein Festhalten am protestantischen Glauben dokumentierte.

Trotz allen Drucks durch den Kaiser und den zuständigen Erzbischof von Mainz entschied man sich im Herzogtum Sachsen für den Weg des Bekennens – ungeachtet der Tatsache, dass sich der Herzog Johann Friedrich noch immer in der Gewalt des Kaisers befand. Melanchthon sprach sich wiederholt achtungsvoll über den Bekennermut einzelner Pfarrer aus. Bekenntnis und Leiden seien für ihn dort gefordert, wo es um das wahre Christusbekenntnis gehe. Bei Nebensächlichkeiten wie Gesängen und Kleiderordnung würde er jedoch die Knechtschaft unter den Adiaphora ertragen, so dass die rechte Predigt auf den Kanzeln in den Gemeinden nicht aufhöre.

Zitat

»Wenn es um die Standhaftigkeit des Bekenntnisses in notwendigen Dingen geht, dürfen wir nicht abfallen. Denn ich will schließlich, dass die Stimme der wahren Lehre immer bewahrt wird und kein gottloser Kult wiedereingeführt wird. In allen anderen Dingen aber zeigen wir unsere Mäßigung und Toleranz in Knechtschaft. Wenn jene Unterwerfung geschieht, damit das Evangelium bewahrt wird, ist sie ehrenhafter, als in Hochmut die Gemeinden zu verlassen.« (CR 7, Sp. 324, MBW Nr. 5409)

Melanchthon sorgte sich um den Erhalt der evangelischen Predigt in den Kirchen, um deren willen er Kompromissbereitschaft in den Riten zeigte, sofern die rechte Lehre davon nicht betroffen war. Während Melanchthon angesichts der Gewalt die Versorgung der Gemeindeglieder vor Ort im Blick hatte, fürchtete Matthias Flacius die schleichende Einschläferung der reformatorischen Lehre durch faule Friedenskompromisse.

Matthias Flacius war 1545 eine Hebräischprofessur in Wittenberg übertragen worden. Aufgrund der albertinischen Religionspolitik verließ er die Universitätsstadt jedoch 1549 Richtung Magdeburg. Für Flacius ließ das sog. Leipziger Interim eine vermittelnde Herangehensweise durchschimmern, die er als Einfallstor für eine allmähliche Rekatholisierung interpretierte. Er war zu keinerlei Kompromissen bereit, selbst nicht in nebensächlichen Riten, da der Kaiser ganz offensichtlich das römische Kirchenwesen wieder errichten wolle. Allein das wahre Bekenntnis sei die richtige Reaktion auf diese Religionspolitik. In diesem Sinne prägte er den Satz: »Im Falle des Bekenntnisses und des Ärgernisses gibt es kein Adiaphoron.«

Anfänglich ermahnte Flacius seinen Kollegen brieflich, sich nicht von der sächsischen Regierung politisch missbrauchen zu lassen. Im Anschluss an seinen Wechsel nach Magdeburg – der Stadt des anhaltenden Widerstands gegen den Kaiser – ging er mit seinen religionspolitischen Ansichten an die Öffentlichkeit. Ungeachtet der kaiserlich angeordneten Zensur entwickelte sich Magdeburg unter seiner Regie zu einem Zentrum antikaiserlicher und antiinterimistischer Flugschriftenpropaganda. So veröffentlichte er dort Dokumente und Gutachten der sächsischen Kirchenpolitik, brachte die Landtagsvorlage aus Leipzig in den Druck, versah sie mit zahlreichen Kommentaren und gab ihr den irreführenden Namen »Leipziger Interim«. Inhaltlich stand dabei nicht nur die Freiheit kirchlicher Bräuche zur Debatte, sondern auch die Frage nach Bekenntnis und Kirchenverfassung sowie nach dem grundsätzlichen Verhältnis von

Kirche und Staat. Allerdings wurde der Konflikt zwischen Flacius und Melanchthon im weiteren Verlauf zunehmend auf persönlicher Ebene ausgetragen. Zu Melanchthons Lebzeiten kam es zu keiner endgültigen Klärung.

Während die Kontroverse um die Adiaphora auf einen konkreten politischen Auslöser zurückging, kreisten die folgenden Kontroversen eher um theologische Themen wie dem rechten Verständnis der Rechtfertigung und der christlichen Ethik. Sie wurden allerdings mit ähnlicher Verbissenheit geführt.

Osiander und die Rechtfertigungslehre

Andreas Osiander war seit 1522 als Prediger in Nürnberg an der Kirche St. Lorenz tätig und wurde zum Reformator der Stadt, die 1525 offiziell die Reformation einführte. Das Augsburger Interim nahm der kaisertreue Stadtrat an, zögerte jedoch dessen Einführung hinaus. Trotzdem legte Osiander im November 1548 sein Predigtamt nieder, wechselte in die preußische Stadt Königsberg, welche nicht zum Reich gehörte, und wurde dort an der noch jungen Universität zum Professor ernannt. Bereits seine Antrittsdisputation erregte wegen seiner Aussagen über Buße und Glaube Kritik. Melanchthon wurden die Thesen vorgelegt, doch konnte er zu diesem Zeitpunkt keinen inhaltlichen, sondern nur einen terminologischen Konflikt feststellen.

Dennoch wurde Osiander immer häufiger von den Universitätskollegen aufgrund seiner Rechtfertigungslehre angegriffen. Im Sommer 1550 entließ der Herzog von Preußen einige von Osianders Gegnern und andere, wie Friedrich Staphylus, legten von sich aus ihr Amt nieder. Daraufhin verteidigte Osiander im Oktober seine Theologie in einer Disputation, wobei der Herzog, Professoren, Prediger und Kapläne aus Königsberg zugegen waren. Anhand dieser Thesen bekräftigte er, dass zur Rechtfertigung nicht nur die Gerechtsprechung des Menschen, sondern auch dessen spürbare Erneuerung und Heiligung gehöre. In seiner 73. These wandte Osiander sich ausdrücklich gegen jene, welche allein aufgrund der Sündenvergebung die Gerechtsprechung des Menschen lehrten und die Gerechtigkeit Christi, die im Menschen wohne, vernachlässigten. Mit dieser Aussage griff er die Wittenberger Rechtfertigungslehre an. Melanchthon selbst erklärte die Differenz wie folgt:

Zitat

»Osiander besteht darauf, dass der Mensch gerecht ist, weil Gott ihn dazu bewegt, gerecht zu handeln. Und er definiert als Gerechtigkeit: Gerechtigkeit ist das, was die Menschen dazu bewegt, gerecht zu handeln. Wohl stimmt: Wenn der Mensch im Glauben, d. h. im Vertrauen auf die Barmherzigkeit, von Gott aufgenommen wird, ist Gott gleichzeitig im Glaubenden wirksam. Dennoch ist jene darauf folgende Neugeburt nicht das, weswegen die Person [von Gott] angenommen wird, sondern der Glaube muss immer voranleuchten, d. h., das Vertrauen in die Barmherzigkeit gemäß dem Wort [Röm. 5 1]: Da wir nun gerecht geworden sind durch den Glauben, haben wir Frieden [mit Gott].« (Kolosserkommentar 1559, CR 15, Sp. 1246)

Für Osiander bedeutete die Rechtfertigung eine Teilhabe an der Gerechtigkeit Christi, die seiner Überzeugung nach im Menschen gerechte Taten bewirke. Er legte demnach sein Augenmerk auf die tatsächliche und sichtbare Veränderung im Menschen. Im Gegensatz dazu waren die Rechtfertigung und die Heiligung für Melanchthon zu unterscheiden, ohne sie voneinander zu trennen. Er erachtete die Gerechtsprechung des Menschen als eine bedingungslose und alleinige Tat Gottes für wichtig – auf diese Tat allerdings folge unweigerlich ein neues Leben. Für das angefochtene Gewissen war für ihn wahrer Trost nur zu erreichen, wenn sich der Christ, ohne Blick auf sich selbst und die eigenen guten Werke, in seinem Glauben allein auf Gottes Gnade verlassen könne.

Der Widerspruch zu Osianders Lehre einte die lutherischen Theologen. Wittenberger, wie Johannes Bugenhagen, ergriffen ebenso das Wort gegen ihn wie der Magdeburger Matthias Flacius, allerdings ohne eine Klärung zu bewirken. Die direkte Auseinandersetzung endete im Oktober 1552 durch Osianders unerwarteten Tod. Doch auch dieser Streit sollte erst Jahrzehnte später in der Konkordienformel endgültig entschieden werden.

Gute Werke und freier Wille

Im März 1548 kehrte Georg Major (1502–74), seit 1545 Theologieprofessor in Wittenberg, an die wiedereröffnete Universität zurück. Wie Melanchthon wurde auch Major in die theologischen Verhandlungen zum Interim eingebunden. Deshalb wurde auch seine theologische Rechtgläubigkeit in Frage gestellt. Im Winter 1551 veröffentlichte Nikolaus von

Amsdorf in Magdeburg eine Schrift gegen Major und Johannes Bugenhagen. Beiden Wittenbergern warf er eine Verfälschung der Rechtfertigungslehre vor, da sie die Exklusivpartikel »allein aus Glauben« (*sola fide*) preisgegeben hätten. Major beteuerte noch im selben Jahr in einer Antwortschrift, dass er das *sola fide* nie in Zweifel gezogen habe. Gleichzeitig betonte er aber die Notwendigkeit einer christlichen Ethik im Leben der gerechtfertigten Menschen.

Damit war ein längerer Streitschriftenwechsel eröffnet. Der Konflikt spitzte sich zu, als Major im Januar 1552 seine Rechtfertigungslehre auf der Kanzel verkündigte und seine Predigt – gegen Melanchthons Rat – im darauffolgenden Jahr veröffentlichte. Gut reformatorisch lehnte er darin jegliche menschliche Mitwirkung an der Rechtfertigung ab, sah aber im Vertrauen auf Gottes Gnade eine Gefahr, wenn dieses in moralischer Trägheit münde. So wenig für Major gute Werke die Seligkeit hervorbrachten, so sehr deutete er das Ausbleiben guter Werke als Anzeichen dafür, dass in solch einem Menschen nur noch ein toter Glaube sei. Die Seligkeit, so Major weiter, könne also durch schlechte Werke wieder verschüttet werden, weswegen im Umkehrschluss gute Werke die Seligkeit bewahren würden

Inmitten der Interimsstreitigkeiten und den Sorgen um die Rekatholisierung standen diese Aussagen für Flacius zu sehr in die Nähe des römischen Verdienstgedankens, nach dem ein Christ durch gute Werke an seiner Gerechtsprechung mitwirkt. Flacius kritisierte entsprechend die fehlende Klarheit in Majors Darstellung. Schärfer in seiner Kritik war Nikolaus von Amsdorf, der um der Wahrung des *sola fide* willen seine Gegenposition in der Formel zuspitzte »Gute Werke sind zur Seligkeit schädlich«.

Melanchthon selbst war nicht als Akteur in den Streit involviert, schrieb jedoch Ratschläge sowie Gutachten und wirkte auf einen Ausgleich hin. Auch dieser Streit zog sich über Jahrzehnte hin. An seinem Lebensende benannte Major im Rückblick weniger die theologische Differenz als Hauptmotiv dieses Konflikts, sondern vielmehr den Streit um die Frage, wer rechtmäßiger Hüter des reformatorischen Erbes sei. In seiner historischen Erinnerung (*Commonefactio historica* 1567) deutete er den Konflikt als einen Streit der Universitäten (Wittenberg-Jena) und als Konkurrenz zweier Landesherrn (Albertiner-Ernestiner) um die Erbschaft der Reformation. Die Antwort auf die Frage, wie die reformatorische Lehre zu bewahren und was unter dem Erbe zu verstehen sei, fiel dabei unterschiedlich aus. Während die Jenaer Professoren allein Luthers Erbe hüteten, zielten die Wittenberger auf das gemeinsame Erbe der Reformation, wozu Melanchthon als eigenständig denkender Theologe ebenso wie Luther zählte. In der Forschung wurden den beiden »Schulen« bzw. Traditionen im Nachhinein Namen gegeben: die »Gnesiolutheraner« sind diejenigen, die den ursprünglichen Luther bewahren, die »Philippisten« hingegen folgen Melanchthon und stehen im Verdacht, das Erbe der rechten Lehre zu verwässern.

In den Jahrzehnten nach Luthers Tod entwickelten sich diese theologischen Gruppierungen im Rahmen diverser Konflikte. Ein weiterer Streitpunkt war die Auseinandersetzung um die Mitwirkung des Willens bei der Bekehrung (sog. Synergistischer Streit). Melanchthon hatte bereits zu Luthers Lebzeiten dem Willen im Leben des gerechtfertigten Menschen eine bedingte Freiheit zugesprochen. Wie bereits dargestellt, sprach Melanchthon neben der Willensfreiheit im ethisch-weltlichen Handeln (*usus politicus legis*) auch von einer gewissen Entscheidungsmöglichkeit zum Guten im Bereich des *tertius usus legis*. Luther selbst widersprach Melanchthon nie. Der eigentliche Streit brach erst mit Johannes Pfeffinger (1493–1573), seit 1544 Theologieprofessor an der Universität Leipzig, aus. Er äußerte 1555, dass der Wille in einer kleinen und schwachen Weise bei der Bekehrung mitwirke (griech. *synergos*). Das erregte die Kritik Nikolaus von Amsdorfs, der allerdings Pfeffingers Lehre in entstellter Form wiedergab. Später führten Flacius und Victorin Strigel diesen Streit unter zunehmender Polemik in Jena fort – der Melanchthonschüler Strigel verließ Jena 1562 schließlich und ging nach Kursachsen.

Von der Fürstenverschwörung zum Augsburger Religionsfrieden

Zeitgleich mit den innerlutherischen Streitigkeiten veränderten sich die politischen Gegebenheiten im Reich grundlegend. Mit dem Augsburger Interim hatte der Kaiser versucht, ohne Konzil den Religionsstreit im Reich zu klären. Als sich für Karl V. abzeichnete, dass der anhaltende Widerstand gegen das Interim nicht ohne Gewaltanwendung zu brechen war, rückte das Konzil als religionspolitischer Lösungsweg für ihn wieder in den Vordergrund. Dementsprechend forderte der Kaiser die Reichsstände auf, das für Mai 1551 neu einberufene Konzil von Trient zu beschicken. Kurfürst Moritz wünschte eine gutachterliche Äußerung seiner Theologen und Melanchthon sprach sich für eine Teilnahme mit einem gemeinsamen evangelischen Bekenntnis aus. Im Verlauf der Vorbereitungen für das Konzil erarbeitete Melanchthon im Auftrag seines Kurfürsten die sog. Confessio Saxonica, die er selbst als Wiederholung der Augsburger Konfession (CAvar) bezeichnete und die zu seinen erfolgreichsten Arbeiten aus dieser Zeit zählt. Im Juli berieten die führenden Theologen, Superintendenten und Pastoren aus Kursachsen diese Schrift und nahmen sie einstimmig an. Ein gesamtevangelisches Bekenntnis entstand daraus jedoch nicht, denn Württemberg und Straßburg schlossen sich nicht an und verfassten eigene Bekenntnisse für das Konzil.

Im November erfuhr Melanchthon von einer Fürstenverschwörung gegen den Kaiser. In einer Stellungnahme warnte er seinen Landesherrn vor einem Bündnis mit Frankreich, dessen Untreue und Unzuverlässigkeit er hervorhob. Trotz der drohenden militärischen Durchsetzung der Konzilsbeschlüsse gegen die Evangelischen betonte Melanchthon die Unrechtmäßigkeit eines Präventivschlags, da jeder Krieg zu Zerrüttung und gesellschaftlichem Durcheinander führe. Mit der Abscheu vor dem Krieg und der Ablehnung von Glaubenskriegen blieb sich Melanchthon treu. Sein Rat verhallte jedoch ungehört. Stattdessen schickte Moritz seinen Theologen auf den Weg zum Konzil. Melanchthon kam nur bis Nürnberg, da der tatsächlich ausbrechende Fürstenkrieg die Wege unsicher machte. Während dieser Zwangspause unterrichtete er in den folgenden Wochen in dem von ihm gegründeten Gymnasium. Nachdem im Januar 1552 in Chambord das Bündnis mit Frankreich geschlossen worden war, marschierten die Verbündeten mit großem Heeresaufgebot gegen den gänzlich unvorbereiteten Kaiser und schlugen ihn in die Flucht. Daraufhin handelten im August 1552 die Reichsfürsten mit König Ferdinand einen unbefristeten Religionsanstand im Passauer Vertrag aus – ein Waffenstillstand in Religionsangelegenheiten. Der Kaiser erkannte diesen Beschluss nicht an, aber die Interimszeit und kaiserliche Religionspolitik wurde damit faktisch beendet. Von nun an führte König Ferdinand die Verhandlungen mit den Reichsständen.

Unter seiner Führung gelang es auf dem Augsburger Reichstag 1555, das jahrelange Ringen um die Reform der Kirche in einen Frieden zu überführen. Formal wurde das Nebeneinander zweier Konfessionen, nach dem Wortlaut des Abschiedes die Anhänger der Augsburger Konfession und der »alten Religion«, in das Reichsrecht aufgenommen. Auf diese Weise war zwar keine theologische Klärung, aber ein politischer Kompromiss erreicht, den der Greifswalder Jurist Joachim Stephan (1544–1623) später mit der Formel »Wem das Territorium gehört, der bestimmt die Religion« (*cuius regio, eius religio*) zusammenfasste. Dies ist keine Aussage des Friedensvertrages, sondern eine – allerdings sachgemäße – juristische Deutung. Moritz von Sachsen erlebte diesen Religionsfrieden nicht mehr.

1553 zog er gegen den marschierenden Markgrafen Albrecht Alcibiades von Brandenburg-Kulmbach (1522–57) in den Krieg. Die Schlacht gewann er zwar, starb jedoch am 11. Juli 1553 an den Folgen einer Kriegsverletzung. Die Nachfolge trat sein Bruder August (1526–86) an.

Melanchthons letzte Jahre

Der Augsburger Reichstag (1555) hatte dem Reich politischen Frieden gebracht. Die theologischen Gegensätze zwischen den Konfessionen und innerhalb der Protestanten waren damit jedoch nicht überwunden. Melanchthons letzte Lebensjahre waren von fortgesetzten Bemühungen um die Einheit gekennzeichnet.

Mit dem Ziel, die Gegensätze im eigenen Lager zu überwinden, nahm Melanchthon an verschiedenen Verhandlungen teil. Bereits vor dem Augsburger Reichstag suchte Herzog Albrecht von Preußen im Frühjahr 1554 den alten Streit um die Rechtfertigungslehre des bereits verstorbenen Osianders zu klären. Melanchthon sollte mit dem Württemberger Brenz, der nach wie vor Verständnis für Osianders Lehre zeigte, disputieren. Nachdem auf dem im Mai tagenden Naumburger Konvent die Württemberger Theologen nicht erschienen, scheiterte dieser Versuch. Parallel liefen bereits weitere Verhandlungen, um eine Einigung zwischen Flacius und Melanchthon zu erreichen. Dieser Konflikt hatte immer größere Kreise gezogen und Melanchthon wurde nicht allein von Flacius angegriffen, sondern auch von dessen Freund Nikolaus Gallus (1516–70), Prediger in Regensburg. Melanchthon wurde überzogenes versöhnliches Verhalten vorgeworfen, das auf Kosten der reinen Lehre gehe. Später unterstellte Gallus – nicht zu Unrecht – dem Wittenberger, mit der Abendmahlslehre des Schweizers Johannes Calvin zu sympathisieren.

Inmitten dieser Auseinandersetzung ergriff König Ferdinand zum letzten Mal die Initiative, auf einem Religionsgespräch in Worms 1557 die konfessionellen Streitigkeiten zu klären. Was einer allgemeinen Einigung dienen sollte, führte jedoch zum Eklat unter den Protestanten. In Worms brachen unter den Augen der altgläubigen Gegner die innerprotestantischen Meinungsverschiedenheiten offen zutage. Anfangs ließen sich diese noch verbergen. Auf die erste Anfrage Michael Heldings nach den evangelischen Differenzen antworteten die Evangelischen mit dem Hinweis auf ihre Bekenntnisgemeinschaft in der CA. Einige Tage später bestand der Jesuit Petrus Canisius (1521–97) auf einer ausdrücklichen Verwerfung der Irrlehren. Daran zerbrach die protestantische Einheit auf dem Reichstag.

Zu einer gemeinsam formulierten Erklärung kam es nicht. Die Ernestinischen Theologen reichten ihre Fassung der Lehrverurteilungen als Protestation ein und reisten im September 1557 ab. Das Religionsgespräch war an der fehlenden inneren Einheit der Evangelischen gescheitert.

Im Nachgang fand ein ausgiebiger Schriftenkrieg mit gegenseitigen Schuldzuweisungen statt. Melanchthon reagierte auf die römisch-katholischen Vorwürfe mit seiner »Antwort auf die Anschuldigungen von Staphylus und Avius« (1558). Staphylus hatte sich nach seinem Rückzug aus Königsberg wieder der päpstlichen Kirche zugewendet und Johannes Avius war altgläubiger Theologe in Köln. Ausführlich und rhetorisch scharf formuliert begründete Melanchthon die Eindeutigkeit und den Wahrheitsgehalt der Heiligen Schrift. Zudem verteidigte er das evangelische Kirchenverständnis, erklärte die Notwendigkeit von Glaubensbekenntnissen und von Luthers Bibelübersetzung. Detailliert setzte sich Melanchthon mit den rhetorischen Kunstgriffen und Kampfstrategien der gegnerischen Schriften auseinander.

Innerprotestantisch löste das Drama von Worms auf politischer Ebene die Bemühung um eine gemeinsame evangelische Lehrnorm aus. Triebkräfte dieser Bestrebungen waren Kurfürst Ottheinrich von der Pfalz (1502–59), Herzog Christoph von Württemberg (1515–68), der dänische König und der Landgraf von Hessen. Bereits im November 1557 legte Melanchthon eine erste Einigungsformel vor, die Brenz allerdings wegen der darin namentlich vorgenommenen Verurteilung Osianders nicht mittragen wollte. Erst im Februar 1558 gelang es auf dem Frankfurter Fürstentag, eine bekenntnismäßige Einigung herzustellen. Dieser Frankfurter Rezess war ein Werk Melanchthons, der damit ein »Einigungsdokument ersten Ranges« (Irene Dingel) vorlegte. Methodisch durchdacht verzichtete er dabei auf disqualifizierende Namensnennungen und formulierte in den offenen Lehrfragen über die Rechtfertigung (Art. 1), die guten Werke (Art. 2), das Abendmahl (Art. 3) und die Adiaphora (Art. 4) einen Minimalkonsens. Eine gesamtprotestantische Einigung konnte auch hiermit nicht erzielt werden. Die Ernestiner lehnten diesen Vorschlag ab und antworteten ihrerseits mit dem Weimarer Konfutationsbuch (1559).

Melanchthon selbst erlebte eine innerlutherische Einigung nicht mehr, diese gelang erst auf Anregung des Kurfürsten August in der Konkordienformel von 1577. Angesichts der Zerstrittenheit fasste Melanchthon zu seinem Lebensende jedoch noch einmal die Grundlagen seiner Theologie zusammen. Bereits 1556 erschien sein überarbeiteter Römerbriefkommentar. In seinem letzten Lebensjahr veröffentlichte er außerdem eine Auslegung des Kolosserkommentars und brachte seine »Loci praecipui theologici« in den Druck. Unermüdlich hatte er sich um die Erhebung, Erläuterung und Sicherung der evangelischen Lehre bemüht und diesen Dienst in der »Antwort auf die Anschuldigungen« selbst als das Zentrum seines Lebenswerkes bezeichnet:

Zitat

»Ich habe, soviel es Gott mir gab, den Studien der Jungen im universitären Amt gedient und mit diesen Mühen keine glänzenden Titel erstrebt; und ich habe für das Gesamt der christlichen Lehre Zusammenfassungen der einzelnen Gegenstände formuliert, so gut ich es vermochte, mit eigenen Worten, und habe mich mit dem, was ich sagte und schrieb, immer unseren Gemeinden untergeordnet. Wenn einige damit nicht zufrieden sind, dann sollen sie ihre Meinung äußern, und das Urteil sei der Kirche übertragen.« (Melanchthon deutsch Bd. 2, S. 95)

Bevor er am 19. April 1560 nach einer Fiebererkrankung friedlich starb, notierte er auf einem Zettel seine Mühsal und seine Hoffnungen:

Zitat

»Du wirst von der Sünde erlöst, von den Sorgen und von der Wut der Theologen befreit.
Du kommst zum Licht, du wirst Gott schauen und seinen Sohn, du wirst die wunderbaren Geheimnisse erkennen, die du in diesem Leben nicht begreifen konntest: warum wir so geschaffen sind und nicht anders und worin die Vereinigung beider Naturen in Christus besteht.« (CR 9, Sp. 1098)

Quellen

Antwort auf die Anschuldigungen von Staphylus und Avius/Responsio ad criminationes Staphyli et Avii, 1558, in: Melanchthon deutsch Bd. 2, S. 78–101, lateinisch MWA 6, S. 462–81

Briefe und Gutachten zur Reichs- und Kirchenpolitik. Schmalkaldischer Krieg, Augsburger Interim, Fürstenkrieg, Passauer Vertrag, Augsburger Religionsfrieden. 1546 bis 1555, in: Melanchthon deutsch Bd. 2, S. 242–259

Literatur

Bauer, Joachim: Der Kampf um das »wahre« Luthertum. Jena und Wittenberg 1548, in: Schorn-Schütte (Hg.): Herrschaftskrise und Glaubenskonflikt, S. 277–291

Dingel, Irene: Der Majoristische Streit, in: Dingel u. a. (Hg.): Politik und Bekenntnis, S. 231–247

Dingel, Irene: Melanchthons Einigungsbemühungen zwischen den Fronten: der Frankfurter Rezeß, in: Jörg Haustein (Hg.): Philipp Melanchthon. Ein Wegbereiter für die Ökumene (Bensheimer Hefte 82), Göttingen 1997, S. 119–41

Scheible, Heinz: Melanchthon und Osiander über die Rechtfertigung. Zwei Versuche, Wahrheit zu formulieren, in: Irene Dingel u. a. (Hg): Reformation und Recht, Gütersloh 2002, S. 161–75

Wartenberg, Günther: Das Augsburger Interim und die Leipziger Landtagsvorlage zum Interim, in: Dingel u. a. (Hg.): Politik und Bekenntnis, S. 15–32

Wengert, Timothy J.: »Not by Nature *Philoneikos*«. Philipp Melanchthon's Initial Reactions to the Augsburg Interim, in: Dingel u. a. (Hg.): Politik und Bekenntnis, S. 33–49

Serviceteil

Zeittafel

1497	**16.2.** Geburt in Bretten
1502	Gründung der Wittenberger Universität
1508	**27.10.** Tod des Vaters, danach Besuch der Lateinschule in Pforzheim
1509	**14.10.** Immatrikulation in Heidelberg als ›Ph. Schwartzerdt de Bretheim‹
1512	**Sept.** Immatrikulation in Tübingen
1514	Magister artium
1516	Erasmus veröffentlicht die Erstausgabe des griechischen Neuen Testaments
1518	**26.4.** Heidelberger Disputation **25.8.** Melanchthon kommt nach Wittenberg Antrittsvorlesung *De corrigendis adolescentiae studiis*
1519	**27.6.–16.7.** Leipziger Disputation **Sept.** Baccalaureus biblicus Erstausgabe der *Rhetorik*
1520	**25.11.** Heirat mit Katharina Krapp Erstausgabe der *Dialektik*
1521	Luther auf der Wartburg. Melanchthon übernimmt Luthers Vorlesungen. Auftreten der sog. Zwickauer Propheten Erstausgabe der *Loci communes*
1522	sog. Wittenberger Unruhen *Unterschied zwischen weltlicher und christlicher Gerechtigkeit*
1525	Bauernkrieg in Thüringen und Sachsen *Bauernschrift*
1526	Gründung der Schule in Nürnberg
1527	Kursächsische Visitation Erstausgabe des *Kolosserkommentars* (erster selbstveröffentlichter Kommentar)
1528	*Unterricht der Visitatoren*
1529	**März / April** Speyerer Reichstag und ›*Protestatio*‹ der evangelischen Stände. Melanchthon begleitet den Kurfürsten Johann zum Reichstag **Sept.** Türken vor Wien **Okt.** Marburger Religionsgespräch und Bündnisverhandlungen in Schleiz Erstausgabe des *Römerbriefkommentars* Erstausgabe des *Proverbienkommentars* Erstausgabe der Kommentare zu *Aristoteles Ethik* und *Politik*

1530 *Römerbriefkommentar* (erweitert und ergänzt)
Juni – Nov. Augsburger Reichstag.
25.6. Übergabe der *Confessio Augustana.*
1531 **27.2.** Gründung des Schmalkaldischen Bundes.
»Quartausgabe« und »Oktavausgabe« der *Apologie der CA*
1532 **Juli / August** Nürnberger Anstand
Römerbriefkommentar (Neuausgabe)
1533 Erasmus veröffentlicht »*Über die heilende Eintracht in der Kirche*«
1534 Ausgleichsversuch in Leipzig
Frankreich sucht mit Kursachsen eine Koalition gegen Kaiser Karl V.
1535 Neuauflage *Loci communes*
1536 **Mai** Wittenberger Konkordie
2.6. offizielle Einberufung des Konzils nach Mantua
Dez. Luthers Schmalkaldische Artikel
1537 *Über die Gewalt und Obrigkeit des Papstes*
1539 Auf dem Frankfurter Fürstentag wird die Einberufung eines Religionsgespräches vereinbart
Über die Kirche und die Autorität des Wortes Gottes
Über das Amt der Fürsten
1540 **12.6.–28.7.** Treffen in Hagenau
Doppelehe des Landgrafen Philipp von Hessen
28.10. Beginn des Wormser Religionsgespräches
28.11. offizielle Übergabe der *Confessio Augustana variata*
Römerbriefkommentar (Neuausgabe)
1541 Forts. Wormser Religionsgespräch (bis 19. Januar).
14.–17.1. Melanchthon und Eck verhandeln im Wormser Rathaus
Bucer und Gropper verfassen das sog. Wormser Buch
5.4.–29.7. Regensburger Reichstag und Religionsgespräch
Über den Hass auf die Sophistik
1542 Reformationsversuch in Köln. Bucer und Melanchthon in Bonn / Köln, zusammen verfassen sie das *Einfältige Bedenken*
1543 **Ostern** Herzog Wilhelm vom Jülich-Kleve-Berg feiert das Abendmahl in beiderlei Gestalt. Krieg um das Herzogtum Geldern zwischen Wilhelm und dem Kaiser, dessen Sieg im Vertrag von Venlo besiegelt wird.
Loci praecipui theologici (Neuflage)
1544 Frieden von Crépy
1545 **Dez.** Erste Session des Konzils von Trient
1546 Religionsgespräch in Regensburg (ohne Beteiligung Melanchthons)
18.2. Luthers Tod
20.7. Beginn des Schmalkaldischen Kriegs

1547 **24.4.** Schlacht auf der Lochauer Heide / Mühlberg
Das ernestinische Sachsen verliert die Kurwürde und Teile seines Territoriums
Moritz von Sachsen wird Kurfürst und erhält den Kurkreis Wittenberg
1.9.–30.6.1548 Augsburger Reichstag
1548 **15.5.** Augsburger Interim wird offiziell verlesen
Dez. Leipziger Landtag und das sog. Leipziger Interim, daran anschließend: Streit um die Adiaphora
1549 Beginn des Osiandrischen Streits
1551 **1.5.** Zweite Session des Trienter Konzils
Juli *Confessio Saxonica*
1552 **Jan.** Vertrag von Chambord und die sog. Fürstenverschwörung
2.8. Passauer Frieden
Beginn des Majoristischen Streits
1555 **5.2.–25.9.** Augsburger Reichstag
25.9. Augsburger Religionsfrieden
Beginn des Synergistischen Streits
1556 *Römerbriefkommentar* (Neuausgabe)
1557 Religionsgespräch in Worms
1558 Frankfurter Rezess
1559 Letzte Ausgabe der *Loci theologici* und des *Kolosserkommentars*
1560 **19.4.** Melanchthons Tod in Wittenberg

Auswahlbibliographie

Am Ende eines jeden Kapitels finden sich weiterführende Literaturhinweise. Die folgende Bibliographie beschränkt sich auf eine Auswahl an Veröffentlichungen, mit der man sich auf Spurensuche begeben kann. Sofern zitierte Literatur nicht am Ende eines Kapitels zu finden ist, wurden im Text Kurztitel verwendet, die fett gedruckt in dem folgenden Verzeichnis hervorgehoben sind.

Quellen

a) Moderne Editionen

Die Bekenntnisschriften der evangelisch-lutherischen Kirche, hg. im Gedenkjahr der Augsburger Konfession 1930 (Göttingen [12]1998) [*zit:* **Bekenntnisschriften**]

Corpus Reformatorum, Philippi Melanchthonis opera quae supersunt omnia, hg. v. Karl Bretschneider / Heinrich Bindseil, 28 Bde., Halle 1834–1860 [*zit:* **CR** Band, Spalte]

D. Martin Luthers Werke. Kritische Gesamtausgabe, Weimar 1883 ff [*zit:* **WA** Band Teilband, Seite]

Melanchthon Briefwechsel. Kritische und kommentierte Gesamtausgabe. Regesten, hg. v. Heinz Scheible, 10 Bde., Stuttgart 1977–1999

Melanchthon Briefwechsel. Kritische und kommentierte Gesamtausgabe. Texte, hg. v. Heinz Scheible, bisher erschienen 10 Bde., Stuttgart 1991–2008 [*zit:* **MBW.T** Band, Seite]

Melanchthons Werke in Auswahl, hg. v. Robert Stupperich, 7 Bde., Gütersloh 1951–1975 [*zit:* **MWA** Band, Seite]

Philipp Melanchthon, Elementa rhetorices. Grundbegriffe der Rhetorik, hg. u. übersetzt und kommentiert von Volkhard Wels (Bibliothek seltener Texte in Studienausgaben 7), Berlin 2001

Philipp Melanchthon: Ethicae Doctrinae Elementa et Enarratio. Libri quinti Ethicorum, hg. u. eingel. von Günter Frank, Stuttgart 2008

Philipp Melanchthon, Heubtartikel Christlicher Lere. Melanchthons deutsche Fassung seiner Loci theologici nach dem Autograph und Originaldruck von 1553, hg. v. Ralf Jennet und Johannes Schilling, Leipzig 2002

Philipp Melanchthon: **Loci communes** 1521, Lateinisch – Deutsch, übers. und mit kommentierenden Anm. versehen von Horst Georg Pöhlmann, Gütersloh [2]1997

b) Deutsche Übersetzungen

Confessio Augustana variata. Das Protestantische Einheitsbekenntnis von 1540, Speyer 1993

Melanchthon deutsch, hg. v. Michael Beyer/Stefan Rhein/Günther Wartenberg, 2 Bde., Leipzig 1997

Philipp Melanchthon: **Glaube und Bildung**. Texte zum christlichen Humanismus, lateinisch/deutsch, ausgewählt, übersetzt und hg. v. Günter R. Schmidt, Stuttgart 1989

Sekundärliteratur

Dingel, Irene/Wartenberg, Günther (Hgg.): **Politik und Bekenntnis**. Die Reaktionen auf das Interim von 1548 (LStRLO 8), Leipzig 2006

Estes, James: Peace, Order and the Glory of God. Secular Authority and the Church in the Thought of Luther an Melanchthon (Studies in Medieval and Reformation Traditions CXI), Brill 2005

Frank, Günter (Hg.): Melanchthon-Schriften der Stadt Bretten, 11 Bde., Stuttgart 1988–2008

Frank, Günter/Lalla, Sebastian (Hgg.): Fragmenta Melanchthoniana, 4 Bde., Heidelberg 2003–2009

Greschat, Martin: Melanchthon neben Luther. Studien zur Gestalt der Rechtfertigungslehre zwischen 1528 und 1537 (UKG 1), Witten 1965

Janssen, Wibke: »Wir sind zum wechselseitigen Gespräch geboren«. Philipp Melanchthon und die Reichsreligionsgespräche von 1540/41 (FKDG 98), Göttingen 2009

Jung, Martin H.: Frömmigkeit und Theologie bei Philipp Melanchthon. Das Gebet im Leben und in der Lehre des Reformator (BhTH 102), Tübingen 1998

Kruse, Jens-Martin: **Universitätstheologie** und Kirchenreform. Die Anfänge der Reformation in Wittenberg 1516–1522 (VIEG 187), Mainz 2002

Kuropka, Nicole: Philipp Melanchthon: **Wissenschaft** und Gesellschaft. Ein Gelehrter im Dienst der Kirche (SuR.NR 21), Tübingen 2002

Leonhardt, Jürgen: **Melanchthon und das Lehrbuch** des 16. Jahrhunderts. Begleitband zur Ausstellung im Kulturhistorischen Museum Rostock, 25. April – 13. Juli 1997 (Rostocker Studien zur Kulturwissenschaft 1), Rostock 1997

Loehr, Johann (Hg.): **Dona Melanchthoniana**. Festgabe für Heinz Scheible zum 70. Geburtstag, Stuttgart 2001

Matz, Wolfgang: Der befreite Mensch: Die Willenslehre in der Theologie Philipp Melanchthons (FKDG 81), Göttingen 2001

Maurer, Wilhelm: Der junge Melanchthon zwischen Humanismus und Reformation, 2 Bde, Göttingen 1967

Peters, Christian: Apologia Confessionis Augustanae. Untersuchungen zur Textgeschichte einer lutherischen Bekenntnisschrift (1530–1584) (CThM.St 15), Stuttgart 1997

Scheible, Heinz: Melanchthon. Eine Biographie, München 1997

Scheible, Heinz: Melanchthon und Justus Jonas, in: Irene Dingel (Hg.): Justus Jonas (1493–1555) und seine Bedeutung für die Wittenberger Reformation (LStRLO 11), Leipzig 2009, S. 59–86

Schirmer, Arno: Das Paulusverständnis Melanchthons 1518–1522 (VIEG 44), Wiesbaden 1967

Schorn-Schütte, Luise (Hg.): Das Interim 1548/50. **Herrschaftskrise und Glaubenskonflikt** (SVRG 203), Gütersloh 2005

Stempel, Hermann-Adolf: Melanchthons pädagogisches Wirken (UKG 11), Bielefeld 1979

Wartenberg, Günther / Matthias Zentner (Hgg.): Philipp **Melanchthon als Politiker** zwischen Reich, Reichsständen und Konfessionsparteien (Themata Leucoreana), Wittenberg 1998

Weber, Gottfried: Grundlagen und Normen politischer Ethik bei Melanchthon (TEH NF 96), München 1962

Wengert, Timothy J.: Human Freedom, Christian Righteousness. Philip Melanchthon's Exegetical Dispute with Erasmus of Rotterdam (Oxford Studies in Historical Theology), New York u. a. 1998

Wengert, Timothy J.: Law and Gospel. Philip Melanchthon's Debate with John Agricola of Eisleben over Poenitentia (Texts and Studies in Reformation and Post-Reformation Thought), Grand Rapids 1997

Personen- und Sachregister

Luther Handbuch

Herausgegeben von Albrecht Beutel

Dieses Standardwerk gewährt verlässliche, bündige, professionelle Orientierung über Leben, Werk und Wirkung Martin Luthers. In 60 Einzelartikeln, verfasst von 25 renommierten Lutherforschern, werden alle wesentlichen Aspekte detailliert und verständlich dargestellt. Das Buch ist für Fachleute und Liebhaber der Theologie, aber auch der angrenzenden Disziplinen – wie der Geschichtswissenschaft, Germanistik oder Philosophie – von Interesse. Zahlreiche Querverweise sowie ausführliche Register erleichtern die Aufnahme und Vertiefung eines selbständigen Lutherstudiums.

»Alles in allem ist dieses Handbuch sowohl eine gelungene Heranführung an die Gestalt Martin Luthers als auch ein Nachschlagewerk, zu dem man immer wieder gerne greifen wird.«
Armin Wenz in *Lutherische Beiträge* 13 (2008), S. 116–118

»Das Luther Handbuch wird mit Sicherheit einen prominenten Platz in jeder theologischen Bibliothek erhalten und behalten.«
Jochen Eber in *European Journal of Theology* 17 (2008), S. 64–65

»Das Luther Handbuch […] schließt wirklich eine Lücke. Es bietet […] einen Überblick über – annähernd – alle für die Beschäftigung mit Luther relevanten Themen. Jedem, der sich für Luther ernsthaft interessiert, sei es zur Anschaffung und Lektüre wärmstens empfohlen.«
Martin H. Jung in *Blätter für Württembergische Kirchengeschichte* 107 (2007), S. 329

2., durchgesehene Auflage 2010.
XVI, 537 Seiten
(UTB Mittlere Reihe 3416).
ISBN 978-3-8252-3416-4
Broschur

Mohr Siebeck
Tübingen
info@mohr.de
www.mohr.de